이야기로 배우는 한국어 1

이야기로 배우는 한국어 1

초판 1쇄 발행 2015년 7월 7일
초판 4쇄 발행 2021년 2월 25일

지 은 이 김미숙, 정승연, 황지유
중 국 어 감 수 허자홍
펴 낸 이 박찬익
편 집 장 한병순

펴 낸 곳 ㈜박이정
주   소 경기도 하남시 조정대로45 미사센텀비즈 7층 F749호
전   화 (031)792-1193, 1195
팩   스 (02)928-4683
홈 페 이 지 www.pjbook.com
이 메 일 pijbook@naver.com
등   록 2014년 8월 22일 제2020-00029호

ISBN 979-11-86402-84-9 13710

* 책값은 뒤표지에 있습니다.

이야기로 배우는 한국어 1

공저 김미숙, 정승연, 황지유

(주)박이정

서문

한국어 읽기 공부를 더 재미있게 하고 싶다는 분들을 위해 이 책을 썼습니다. 한국어에 관심을 가지고 열심히 공부하는 외국인 분들에게 조금이나마 도움이 되길 바라는 마음으로 최선을 다해 집필했습니다. 이 책에는 한국의 옛날이야기를 담았습니다. 한국의 옛날이야기를 통해 한국 문화도 배우고, 글을 통해 문법과 어휘도 공부할 수 있도록 구성했습니다. 이 책에는 한국어 능력시험(TOPIK)에 많이 나왔던 문법과 어휘를 가급적 많이 담으려고 노력했습니다. 이 책을 공부하면서 한국 문화도 배우고, 한국어 능력시험(TOPIK)도 공부해서 읽기 실력 향상과 한국어 능력시험(TOPIK) 합격이라는 두 마리 토끼를 꼭 잡길 바랍니다.

활용 방법

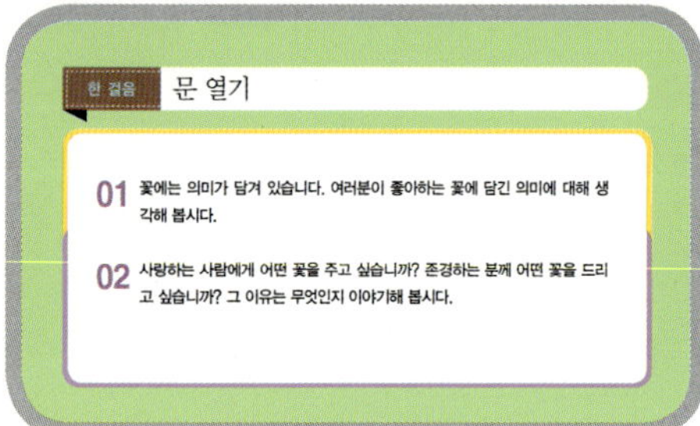

〈한 걸음〉 문 열기

이야기를 읽기 전에 이야기의 주제와 관련된 내용을 미리 생각해 봅니다.

〈두 걸음〉 들어가기

이야기를 읽습니다. 새 단어는 영어, 중국어, 일본어로 번역하였고 그 의미를 제시하였습니다. 이야기를 읽을 때 모르는 단어나 문법이 나오면 의미를 추측하면서 읽으십시오. 한 번 읽은 후에 단어의 의미를 확인하면서 읽으십시오. 새 표현은 '다섯 걸음'에서 공부할 수 있습니다.

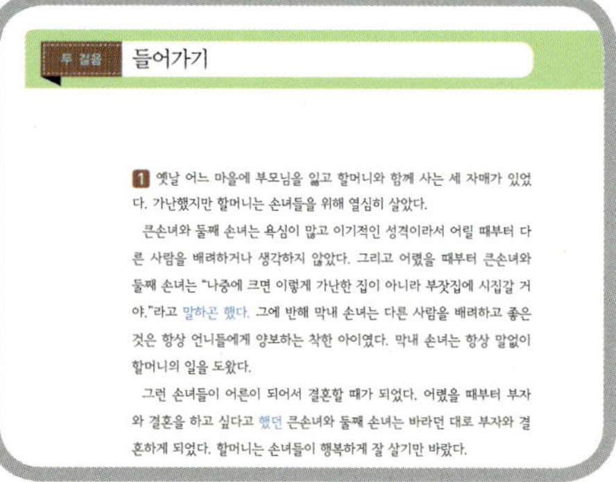

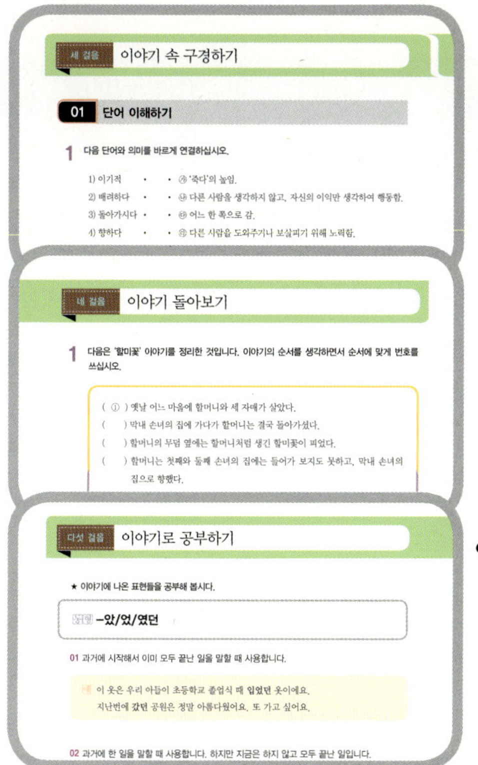

〈세 걸음〉 이야기 속 구경하기

이야기에 나온 어휘와 내용을 이해한 후 문제를 풀면서 내용을 정리해 봅니다.

〈네 걸음〉 이야기 돌아보기

이야기 전체의 내용을 정리해 봅니다.

〈다섯 걸음〉 이야기로 공부하기

이야기에 나왔던 문법을 의미와 예문을 보면서 공부합니다. TOPIK 시험에 자주 나왔던 문법을 주로 제시하였습니다.

〈여섯 걸음〉 이야기 속 사자성어 사전

이야기의 내용과 관계있는 속담이나 사자성어를 제시하였습니다. 한국어 속담이나 사자성어를 통해 한국어와 한국 문화를 이해하고, TOPIK 시험도 대비할 수 있습니다.

〈일곱 걸음〉 이야기 밖으로 나오기

이야기와 관계있는 한국 문화를 소개합니다. 꼼꼼하게 읽으면서 한국 문화를 공부해 보십시오.

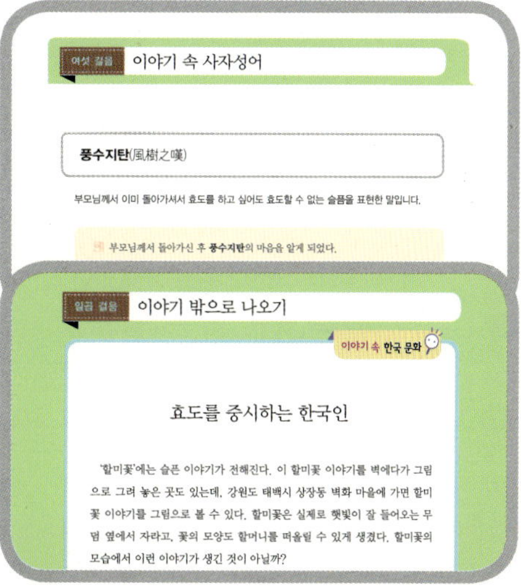

주제	과	이야기 제목	관련 문화	문형1	문형2	의성/의태어	사자성어 / 속담
가족	Story 1	할미꽃	할미꽃의 유래/ 효도	–았/었/였던	–곤 하다	훌쩍훌쩍	풍수지탄
				–아/어/여 버리다	–(으)ㄴ/는 척하다	엉엉	반포지효
가족	Story 2	의좋은 형제	형제 간의 우애	–아/어/여 있다	–(으)ㄹ 리가 있다	싱글벙글	이심전심
				–(으)ㄴ/는 법이다	–고 말았다	차곡차곡	수족지애
욕심	Story 3	요술 항아리	교훈적 이야기/ 욕심	–(으)ㄹ 수밖에 없다	–(으)ㄹ지도 모르다	투덜투덜	과유불급
				–더라도	–다가는	안달복달	소탐대실
이름	Story 4	세상에서 가장 긴 이름	이름의 의미	–(으)ㄹ 정도(로)	–는 한	방긋방긋 /무럭무럭	애지중지
				–(으)며	–(으)ㄹ 뻔하다	옹기종기/버럭	금지옥엽
은혜	Story 5	은혜 갚은 까치	교훈적 이야기/ 은혜	–느라고	조차	살금살금	결초보은
				–고도	–(으)ㄹ 텐데	벌떡/다짜고짜	각골난망
동물	Story 6	개와 고양이	한국에서의 개의 이미지	–았/었/였다가	–(으)ㄴ/는 채로	오순도순	견원지간
				–(으)ㄹ까 봐(서)	–기만 하면	뻘뻘/퐁당	수어지교
동물	Story 7	돼지의 코	한국에서의 각 동물들의 이미지	은/는커녕	–도록	멍멍/꼬끼오	콩 심은 데 콩 나고 팥 심은 데 팥 난다.
				–기만 하다	–다면서	쿨쿨	자업자득

주제	과	이야기 제목	관련 문화	문형1	문형2	의성/의태어	사자성어 / 속담
사랑	Story 8	견우와 직녀	칠월 칠석	–(으)ㄴ/는 데다(가)	–게 마련이다	시름시름	까마귀도 칠월 칠석은 안 잊어버린다.
				–아/어/여 봤자	–(으)ㄹ 만하다	절레절레	삼 년 가뭄에는 살아도 석 달 장마에는 못 산다.
사랑	Story 9	아사달과 아사녀	석가탑	–자	–는 대로	글썽글썽	오매불망
				–(으)ㄹ 겸(해서)	–(으)ㄹ수록	허겁지겁	반신반의
여자	Story 10	백일홍	여자의 정절	–(으)면서(도)	–더라고(요)	웅성웅성	노심초사
				–았/었/였더라면	–더니	불쑥/꾹	금의환향
여자	Story 11	장화 홍련전	여자의 한	–거든	–다시피 하다	빙빙	사필귀정
				–(으)ㄴ/는/(으)ㄹ 듯하다	마저	두근두근	인과응보
우정	Story 12	우정의 길	친구 간의 우정이야기	–(으)ㄹ 바에야	–다 못해	터덜터덜	죽마고우
				–(으)ㄴ 나머지	–아/어/여 가다/오다	바들바들	간담상조

차례

할미꽃

 ## 문 열기

01 꽃에는 의미가 담겨 있습니다. 여러분이 좋아하는 꽃에 담긴 의미에 대해 생각해 봅시다.

02 사랑하는 사람에게 어떤 꽃을 주고 싶습니까? 존경하는 분께 어떤 꽃을 드리고 싶습니까? 그 이유는 무엇인지 이야기해 봅시다.

1 옛날 어느 마을에 부모님을 잃고 할머니와 함께 사는 세 자매가 있었다. 가난했지만 할머니는 손녀들을 위해 열심히 살았다.

큰손녀와 둘째 손녀는 욕심이 많고 이기적인 성격이라서 어릴 때부터 다른 사람을 배려하거나 생각하지 않았다. 그리고 어렸을 때부터 큰손녀와 둘째 손녀는 "나중에 크면 이렇게 가난한 집이 아니라 부잣집에 시집갈 거야."라고 말하곤 했다. 그에 반해 막내 손녀는 다른 사람을 배려하고 좋은 것은 항상 언니들에게 양보하는 착한 아이였다. 막내 손녀는 항상 말없이 할머니의 일을 도왔다.

그런 손녀들이 어른이 되어서 결혼할 때가 되었다. 어렸을 때부터 부자와 결혼을 하고 싶다고 했던 큰손녀와 둘째 손녀는 바라던 대로 부자와 결혼하게 되었다. 할머니는 손녀들이 행복하게 잘 살기만 바랐다.

2 두 손녀가 결혼하고 나서 할머니는 막내 손녀와 살게 되었다. 언니들이 없었지만 막내 손녀는 할머니를 잘 보살펴 드리면서 행복하게 살았다.

그렇게 착한 막내 손녀는 옆 마을에 사는 착한 남자와 결혼하게 되었다. 결혼하기 전 날, 막내는 훌쩍훌쩍 울면서 할머니에게 말했다.

훌쩍훌쩍 ☑

콧물을 마시면서 우는 모습

"할머니, 제가 없으면 할머니 혼자 어떻게 살아요?"

하지만 할머니는 오히려 가난한 남자와 결혼하는 막내를 걱정하였다.

"막내야, 괜찮아. 나는 오히려 가난한 집에 시집가는 네가 걱정이구나. 나는 나이가 들면 네 언니를 찾아가서 살면 되니까 걱정하지 마."

3 막내 손녀의 남편은 가난했지만 착하고 성실한 남자라서 결혼한 후에
도 열심히 살았고, 막내 손녀는 항상 행복해했다. 그리고 막내 손녀는 언젠
가 할머니를 모시고 살아야 한다고 생각하면서 열심히 생활했다.

4 5년의 시간이 지났다. 할머니는 점점 몸도 약해지고, 혼자 살기 힘든
나이가 되었다.

　할머니는 죽기 전에 손녀들의 얼굴이라도 한번 보면 좋겠다고 생각했다.
그래서 손녀들의 집을 찾아갔다.

5 제일 먼저 할머니는 큰손녀의 집에 찾아갔다. 큰손녀의 집은 아주 크
고 넓었다. 밖에서 손녀를 불렀는데 손녀는 할머니에게 찾아온 이유를 묻
지도 않고 할머니를 보자마자 화를 냈다.

　"할머니, 무슨 일이에요? 우리 집에는 방이 없어요. 둘째의 집으로 가세
요."

　그리고 집으로 들어가 버렸다.

새단어

- **보살피다** to look after, 世話をする, 照顾
- **성실하다** to be earnest, まじめだ, 老实
- **가난하다** to be poor, 貧乏だ, 贫穷
- **양보하다** to concede, 譲る, 让步
- **이기적** to be selfish, 利己的, 自私的

- **잃다** to lose, 失う, 丧失
- **배려하다** to consider, 気を配る, 关照
- **바라다** to wish, 願う, 盼望
- **오히려** rather, むしろ, 倒是

　　할머니는 너무 슬퍼서 울면서 둘째 손녀의 집으로 찾아갔다. 둘째 손녀의 집도 아주 크고 넓은 집이었다.

　　"누구세요? 왜 우리 집에 오셨어요?"

　　둘째 손녀는 할머니를 보았지만 모른 척했다.

　　할머니는 울면서 둘째 손녀의 집을 나왔다. 하지만 할머니는 '손녀 둘 다 행복하게 사는 것을 보았으니까 괜찮아.'라고 생각했다. 그리고 막내 손녀의 얼굴이라도 봐야겠다고 생각하면서 막내 손녀의 집으로 향했다.

6 막내 손녀의 집으로 가는 길은 힘들었다. 게다가 할머니는 몸이 많이 약해져서 걷기도 힘들었다. 막내 손녀의 집에 거의 다 도착했을 때 할머니는 조금 쉬어야겠다고 생각했지만 다시 일어날 수 없었다. 그 때 일을 하고 오던 막내 손녀의 남편이 할머니를 보고 깜짝 놀라 할머니를 집으로 모시고 들어가려고 했다. 하지만 할머니는 이미 돌아가신 후였다.

7 할머니의 모습을 본 막내 손녀는 "할머니, 자주 찾아뵙지 못해서 죄송해요."라고 말하면서 엉엉 울었다. 막내 손녀 부부는 할머니를 햇빛이 잘 비추는 곳에 묻어 드렸다.

엉엉 ☑

크게 소리를 내
면서 우는 모습

할머니가 돌아가시고 난 후 할머니의 무덤 옆에는 할머니처럼 허리가 굽은 꽃이 피었다. 사람들은 그 꽃을 보고 "할미꽃"이라고 불렀다.

- **향하다** to head, 向かう, 往
- **굽다** to stoop, 曲がっている, 弯
- **돌아가시다** to pass away, なくなる, 去世
- **찾아뵙다** to visit, お尋ねする, 拜访
- **무덤** grave, 墓, 坟墓

- **비추다** to shine, 照らす, 照
- **묻다** to bury, 埋める, 埋葬
- **햇빛** sunlight, 日の光, 阳光

01 단어 이해하기

1 다음 단어와 의미를 바르게 연결하십시오.

1) 이기적 •　　• ㉮ '죽다'의 높임.

2) 배려하다 •　　• ㉯ 다른 사람을 생각하지 않고, 자신의 이익만 생각하여 행동함.

3) 돌아가시다 •　　• ㉰ 어느 한 쪽으로 감.

4) 향하다 •　　• ㉱ 다른 사람을 도와주거나 보살피기 위해 노력함.

02 내용 이해하기

1 이 이야기에서 배울 점은 무엇입니까?

① 할미꽃을 많이 심자.

② 서로 믿고 사랑하면서 살자.

③ 돈이 없어도 서로 도우면서 살자.

④ 나를 키워 주신 은혜를 기억하면서 살자.

2 이야기를 읽고 맞으면 O, 틀리면 X 하십시오.

1) 세 자매의 부모님은 할머니를 보살피면서 행복하게 살았다.　　（　　　）

2) 셋째 손녀는 이기적이고 욕심이 많은 성격이다.　　（　　　）

3) 할머니의 무덤 근처에는 할미꽃이 피었다.　　（　　　）

4) 할머니는 막내 손녀의 집에 가장 먼저 찾아갔다.　　（　　　）

이야기 돌아보기

1 다음은 '할미꽃' 이야기를 정리한 것입니다. 이야기의 순서를 생각하면서 순서에 맞게 번호를 쓰십시오.

(①) 옛날 어느 마을에 할머니와 세 자매가 살았다.

(   ) 막내 손녀의 집에 가다가 할머니는 결국 돌아가셨다.

(   ) 할머니의 무덤 옆에는 할머니처럼 생긴 할미꽃이 피었다.

(   ) 할머니는 첫째와 둘째 손녀의 집에는 들어가 보지도 못하고, 막내 손녀의
집으로 향했다.

(   ) 첫째와 둘째 손녀는 부자와 결혼을 했고, 막내 손녀는 가난한 남자와 결혼
을 하였다.

(   ) 할머니께서 돌아가신 후 막내 손녀와 손녀의 남편은 할머니를 따뜻한 곳에
묻어 드렸다.

(   ) 할머니는 나이가 들어 손녀들을 보러 갔다.

★ 이야기에 나온 표현들을 공부해 봅시다.

동형 –았/었/였던

01 과거에 시작해서 이미 모두 끝난 일을 말할 때 사용합니다.

> 예 이 옷은 우리 아들이 초등학교 졸업식 때 **입었던** 옷이에요.
> 지난번에 **갔던** 공원은 정말 아름다웠어요. 또 가고 싶어요.

02 과거에 한 일을 말할 때 사용합니다. 하지만 지금은 하지 않고 모두 끝난 일입니다.

> 예 이 노래는 제가 고등학교 때 **들었던** 노래예요.
> 대학 시절에 **왔던** 식당인데 아직도 여기에 있네요.

동 –아/어/여 버리다

어떤 일이 모두 완료되어서 결과가 남지 않았을 때 사용합니다.
어떤 일이 모두 끝나서 시원한 마음과 섭섭한 마음을 표현할 수도 있습니다.

> 예 어제 먹다가 남긴 케이크를 내 동생이 모두 **먹어 버렸다**.
> 바빠서 그동안 못한 빨래를 모두 **해 버리니까** 기분이 좋아졌다.

동 −곤 하다

01 습관처럼 자주 하는 일이나 같은 상황이 반복됨을 나타낼 때 사용하는 표현입니다.

> 예 저는 심심할 때 이 공원에 자주 **오곤 해요.**
> 우울할 때 그 노래를 **듣곤 해요.**

02 과거에 습관처럼 한 일에 대해서는 '−곤 했다'를 사용합니다.

> 예 내가 어렸을 때 엄마는 그 노래를 불러 **주시곤 했어요.** 그때가 그리워요.
> 학교에 다닐 때 여기에서 친구들과 농구를 **하곤 했는데** 오랜만에 오니까 느낌이
> 새롭네요.

동 형 −(으)ㄴ/는 척하다

실제로 하지 않았지만 한 것처럼 말하거나 행동할 때 사용합니다.

> 예 저는 학교에 가기 싫어서 **아픈 척한** 적이 있어요.
> 동생이 같이 놀자고 했는데 놀아 주기 귀찮아서 공부를 **하는 척했어요.**

풍수지탄(風樹之嘆)

부모님께서 이미 돌아가셔서 효도를 하고 싶어도 효도할 수 없는 슬픔을 표현한 말입니다.

> 예 부모님께서 돌아가신 후 **풍수지탄**의 마음을 알게 되었다.

반포지효(反哺之孝)

아기 새가 부모 새에게 먹이를 물어다 준다는 뜻으로 자식이 자라서 부모님의 은혜에 보답한다는 의미입니다.

> 예 난치병에 걸린 아버지를 위해 자신의 간을 이식해 준 아들의 기사를 보고 **반포지효**라는 말이 생각났다.

효도를 중시하는 한국인

'할미꽃'에는 슬픈 이야기가 전해진다. 이 할미꽃 이야기를 벽에다가 그림으로 그려 놓은 곳도 있는데, 강원도 태백시 상장동 벽화 마을에 가면 할미꽃 이야기를 그림으로 볼 수 있다. 할미꽃은 실제로 햇빛이 잘 들어오는 무덤 옆에서 자라고, 꽃의 모양도 할머니를 떠올릴 수 있게 생겼다. 할미꽃의 모습에서 이런 이야기가 생긴 것이 아닐까?

이 이야기에는 옛날부터 부모님께 효도를 해야 한다는 한국 사람들의 생각이 담겨 있다. 특히 부모님께 효도해야 하는 것이 중요하다고 생각한 한국 사람들은 옛날부터 이야기를 통해서 효도의 중요성을 강조했다.

부모님이 돌아가신 후에 후회하지 말고 부모님의 은혜를 항상 생각하면서 효도해야 할 것이다.

의좋은 형제

한 걸음 ## 문 열기

01 여러분은 형제가 있습니까?

어렸을 때 형제와 크게 싸운 적이 있습니까? 그 이유는 무엇이었습니까?

형제가 없다면 '형제가 있으면 좋겠다'고 생각한 적이 있습니까?

02 만약에 여러분이 부모님께 많은 재산을 물려받았다면 그 재산을 형제와 어떻게 나누겠습니까?

1 옛날 작은 시골 마을에 의좋은 형제가 홀어머니를 모시고 살고 있었다. 형제는 우애가 깊고 어머니에 대한 효심 또한 깊었다. 형과 아우는 늙은 어머니의 손과 발이 되어 식사하는 것을 도와주기도 하고 어머니가 잠들기 전 방에 이불을 펴 주기도 했다. 그런 형제를 보면서 어머니는 항상 **싱글벙글** 웃었다. 형제가 어머니를 **정성껏** 보살폈지만 어머니는 늙고 병이 들어 방에 누워 있는 날이 더 많았다.

싱글벙글 ☑

크게 웃는 모습

2 어느 날 동생이 말했다.

"형님, 어머니께서 돌아가시기 전에 결혼을 하고 싶어요. 사실 제가 결혼하고 싶은 아가씨가 한 명 있는데요. 옆 마을에 사는 아가씨인데……."

형은 동생의 말을 듣고 크게 기뻐하면서 말했다.

"그 이야기를 들으면 어머니께서 정말 좋아하시겠구나. 너, 내가 결혼할 때 기억나지? 어머니께서 정말 기뻐하셨잖아. 부모는 항상 자식의 결혼 소식을 기다리는 법이야."

정성껏 ☑

정성을 다해서
다하는 모습

동생의 결혼식 날, 어머니는 아픈 것도 잊고 하루 종일 부엌에서 잔치 음식을 만들었다. 그리고 어머니는 결혼식을 하는 동안 계속 **함박웃음**을 지었다. 그런 어머니의 모습을 보면서 두 형제 역시 말할 수 없이 기뻤다.

함박웃음 ☑

얼굴 가득 미소
를 지은 모양

3 동생이 결혼을 한 후 형제 부부는 계속해서 어머니를 **정성껏** 모셨지만 어머니의 병은 나아지지 않았다. 아들의 결혼식이 끝나고 얼마 지나지 않아 어머니는 결국 돌아가시고 말았다. 어머니는 죽는 순간까지 행복한 미

소를 지으면서 형제에게 말했다.

"지금처럼 의좋게 지내야 한다. 항상 서로를 먼저 생각하고 양보하는 마음을 가져야 해."

어머니가 돌아가신 후 동생은 형에게 말했다.

"형님, 저희 부부는 옆 동네로 가서 살겠습니다. 아이도 있는 형님께 저희 부부까지 짐이 될 수는 없어요."

4 형은 집을 떠나는 동생에게 부모님이 물려준 재산을 정확하게 반으로 나누어 주었다. 형제는 돈은 물론 밭도 역시 똑같이 나누어 가졌다. 형제는 따로 살게 되었지만 매일 아침 일찍 만나 밭일을 했고 함께 점심도 먹었다. 형제는 여전히 우애가 좋았다. 그렇게 시간이 지나 가을이 되었고 추수를 할 때가 되었다. 형제는 추수를 해서 얻은 볏단을 차곡차곡 쌓은 후에 정확하게 서른 개씩 나누어 가졌다.

> ☑ **차곡차곡**
>
> 물건을 하나하나 위로 쌓거나 나란히 정리해 놓은 모양

새단어

- **의좋다** to be intimate, 仲がいい, 情谊深
- **(미소를) 짓다** to smile, (笑みを) 浮かべる, 微笑
- **홀어머니** widow, やもめ, 寡母
- **따로** seperately, 別に, 不一块儿
- **우애** brotherhood, 友愛, 有爱
- **여전히** still, 相変わらず, 依然
- **효심** filial pity, 孝心, 孝心
- **물려주다** to leave one's property, 譲る, 遺留
- **(이불을) 펴다** to make the bed, 床を取る, 铺被子
- **볏단** rice-sheaf, 稲束, 稲捆
- **병들다** to get sick, 病気にかかる, 患病
- **추수하다** to harvest, 刈り入れ, 秋收
- **잔치** party, 宴, 筵席
- **순간** moment, 瞬間, 瞬间

5 동생은 추수를 마치고 돌아오면서 생각했다.

'우리는 나와 아내, 이렇게 식구가 둘뿐이지만 형님은 자식들까지 있으니 쌀이 더 많이 필요하겠지? 오늘 밤에 우리 집에 있는 볏단을 형님 곳간에 좀 갖다 놓아야겠다.'

형 역시 밭일을 마치고 돌아오면서 생각했다.

'동생은 이사를 간 지 얼마 안 되었으니까 분명히 필요한 게 많을 거야. 그래! 오늘 밤에 우리 집 볏단을 동생 곳간에 좀 갖다 놓아야겠다.'

그렇게 밤마다 형제는 각자의 곳간에서 볏단을 꺼내어 서로의 집에 조금씩 옮겨 놓기 시작했다.

6 그러던 어느 날 오후, 동생이 청소를 하기 위해서 곳간으로 들어갔다.

"어? 이상하다. 내가 형님 댁에 볏단을 열 개 갖다 놓았으니까 볏단이 스무 개 남아 있어야 하는데, 왜 그대로 서른 개인 거지? 누가 우리 집에 볏단을 갖다 놓았을 리는 없고……. 내가 수를 잘못 세었나? 오늘 밤부터는 두 개씩 형님 댁에 갖다 놓아야겠다."

같은 날 오후 형도 곳간 정리를 하기 위해서 곳간으로 들어가서 볏단의 숫자를 세어 보고 깜짝 놀랐다.

"어? 이게 뭐야? 왜 볏단이 서른 개지? 분명히 내가 매일 볏단을 한 개씩 열 번 아우의 집 곳간에 갖다 놓았는데……. 어허, 귀신이 곡할 노릇이군. 어쩔 수 없지. 그럼 오늘부터 두 개씩 갖다 놓아야겠어."

7 그날 밤 같은 시간, 형제는 볏단을 두 개씩 지게에 싣고 마을 사이의 작은 언덕을 넘어 서로의 집으로 가고 있었다.

"볏단을 두 개씩 옮기려고 하니까 힘드네. 조금 쉬어야겠다."

볏단을 옮기는 것이 힘들었던 형은 지게를 잠시 내려놓고 나무 옆에 앉아 있었다. 그때 반대쪽 길에서 낯익은 얼굴이 보였다.

8 "형님! 여기에서 뭐 하세요? 이 늦은 시간에 어디 가시는 거예요?"

그건 볏단을 지게에 싣고 형의 집으로 가고 있는 동생이었다.

"어?! 넌 여기서 뭐하는 거야? 지게에 실은 건 뭐고? 혹시 네가……?"

"혹시 형님께서 저희 집에 볏단을 갖다 놓으신 거예요?"

형제는 그 자리에 서서 서로를 보면서 큰 소리로 웃었다. 그날 달빛은 서로를 배려하는 형제의 우애처럼 따뜻하고 밝게 빛나고 있었다.

☑ **깜짝**

갑작스러운 일에 크게 놀라는 모양

☑ **귀신이 곡할 노릇이다**

어떤 이유로 일이 발생했는지 아무리 생각해도 이해가 되지 않음.

새단어

- **마치다** to finish, 仕舞う, 結束
- **꺼내다** to take out, 持ち出す, 拿(出)
- **식구** family member, 家族, 人口
- **옮기다** to move, 運ぶ, 搬
- **자식** child, 子, 孩子
- **싣다** to load, 乗せる, 装

- **밭일** farming, 畑仕事, 旱田活儿
- **지게** Korean old carrier, 背負い子, 背架
- **곳간** storeroom, 蔵, 仓库
- **낯익다** to be familiar, 顔なじみである, 面熟
- **분명히/분명하다** clearly/clear, はっきり/確かだ, 分明

01　단어 이해하기

1 〈보기〉에서 알맞은 단어를 골라 문장을 완성하십시오.

보기				
	양보하다	여전히	따로	물려주다
	옮기다	추수(하다)	분명히	마치다

1) 20년 만에 만난 선생님께서는 ＿＿＿＿＿＿ 밝은 미소로 나를 반갑게 맞아 주셨다.

2) 동생이 잠버릇이 나빠서 나와 동생은 어렸을 때부터 방을 ＿＿＿＿＿＿ 썼다.

3) 짐이 너무 많아서 그러는데 짐을 ＿＿＿＿＿＿ 것을 좀 도와주실 수 있어요?

4) 오늘 점심 약속이 없으면 수업을 ＿＿＿＿＿＿ 식당에서 같이 밥 먹을래요?

5) 잘 기억은 나지 않지만 얼굴이 낯익은 걸 보니까 ＿＿＿＿＿＿ 어디에선가 만난 적
이 있는 것 같다.

02　내용 이해하기

1 이 이야기를 읽은 사람이 할 수 있는 말로 가장 알맞은 것을 고르십시오.

① "형제 간에 우애가 깊으면 부모님의 병도 낫게 할 수 있는 거구나."

② "형보다 훌륭한 동생은 없어. 역시 동생을 배려하는 형의 마음이 더 깊은 것 같아."

③ "부모님을 잘 모시는 것도 중요하지만 자식을 잘 키우는 것도 정말 중요한 것 같아."

④ "말하지 않아도 서로를 배려하는 형제의 마음은 같구나. 마음이 따뜻해지는 이야기야."

2 이야기를 읽고 맞으면 O, 틀리면 X 하십시오.

1) 동생이 결혼을 한 후 어머니의 병은 조금씩 나아졌다. 　　　　　　　(　　)

2) 형과 동생은 따로 살게 된 후부터 사이가 조금씩 안 좋아지기 시작했다. 　(　　)

3) 형과 동생이 서로의 집에 볏단을 갖다 놓았지만 두 사람이 갖고 있는 볏단의 수는 같았다.

　　　　　　　　　　　　　　　　　　　　　　　　　　　　　　　　(　　)

4) 늦은 밤 서로의 집으로 가다가 만난 형제는 서로를 보고 놀랐다. 　　　(　　)

이야기 돌아보기

1 다음 그림에 맞게 내용을 정리하여 써 보십시오.

▶ 형제가 홀어머니를 모시고 살고 있었다.

▶ _______________

▶ _______________

▶ _______________

▶ _______________

▶ _______________

▶ _______________

★ 이야기에 나온 표현들을 공부해 봅시다.

동 –아/어/여 있다

행동이 끝난 상태가 변하지 않고 그대로 유지되고 있는 상태를 설명할 때 쓰는 표현입니다.

> 예　언제까지 계속 **누워 있을** 거야? 빨리 일어나서 청소 좀 도와줘.
>
> 하루 종일 **서 있어서** 다리가 너무 아파요.

동 형 –(으)ㄴ/는 법이다

어떤 일이 당연함을 나타내는 표현입니다. 주로 속담과 함께 사용합니다.

> 예　아이들은 부모를 **닮는 법이다.**
>
> 원숭이도 나무에서 떨어질 때가 **있는 법이다.**

동 형 −(으)ㄹ 리가 있다/없다

그럴 이유나 가능성이 전혀 없음을 나타내는 표현입니다.
'−(으)ㄹ 리가 있다'는 '−(으)ㄹ 리가 있어요?'와 같이 의문의 형태로 씁니다.

> 예 그렇게 열심히 공부를 했는데 시험에 **떨어질 리가 있어요?**
>
> 착한 연숙 씨가 거짓말을 **했을 리가 없어요.**

동 −고 말았다

의도하지 않았거나 기대하지 못한 결과가 발생했을 때 사용하는 표현입니다.
주로 부정적인 결과와 함께 쓰는데 결과가 유감스럽거나 아쉽게 느껴질 때 사용합니다.

> 예 늦잠을 자서 기차를 **놓치고 말았다.**
>
> 너무 바빠서 친구와의 약속을 깜빡 **잊어버리고 말았다.**

이심전심(以心傳心)

마음과 마음이 전달된다는 뜻으로 서로 이야기하지 않아도 마음이 통한다는 말입니다.

> 예 가: 여보세요, 윤오 씨. 저 연숙이에요.
>
> 나: 저도 연숙 씨에게 전화를 하려던 참이었는데, 이거 정말 **이심전심**이군요.

수족지애(手足之愛)

손과 발 같다는 뜻으로 형제 사이의 우애가 깊음을 뜻하는 말입니다.

> 예 어렸을 때부터 우리 형제는 사이가 **수족지애**와 같아서 한 번도 싸운 적이 없었
>
> 고 좋은 것이 있으면 항상 나누었다.

의좋은 '이성만'과 '이순' 형제의 이야기

'의좋은 형제' 이야기는 실제로 고려 시대 말부터 조선 시대 초까지 충청남도 예산군 대흥면에 살았던 '이성만'과 '이순' 형제의 이야기를 바탕으로 한 것이다. '이성만'과 '이순' 형제는 효심이 깊어서 부모님이 살아 있을 때에 정성껏 부모님을 보살폈고 부모님이 죽은 후에도 형은 아버지의 묘, 동생은 어머니의 묘를 3년 동안 지켰다. 그리고 형제 간의 우애 역시 깊어 부모가 죽은 후에 따로 살았지만 매일 농사를 같이 짓고 서로의 집에 가서 밥도 같이 먹었다고 한다.

조선 시대 왕인 연산군은 형제의 효심을 많은 사람들에게 알리기 위해서 1497년 충청남도 예산군에 효제비를 세웠다. 그리고 형제가 살던 지역을 중심으로 만들어진 '의좋은 형제 공원'에는 효제비 뿐만 아니라 볏단을 가지고 서로의 집으로 가다가 마주친 형제의 모습을 한 동상과 그들이 살던 집도 있다. 그리고 매년 가을 이 곳에서는 의좋은 형제 축제가 열린다고 한다.

Story

3

요술 항아리

 ## 문 열기

01 만약 세 가지 소원을 이룰 수 있다면 무엇을 하고 싶습니까? 왜 그 일을 하고 싶습니까? 생각해 봅시다.

02 여러분의 친구 중에 욕심이 지나치게 많은 사람이 있다면 그 사람에게 어떤 충고를 해 주고 싶습니까?

1 옛날 어느 마을에 가난한 부부가 살았다. 남편은 바다에 나가 물고기를 잡는 어부였다. 성실하고 착한 남편은 매일매일 열심히 바다에 나가서 물고기를 잡았고, 잡은 물고기를 시장에 가서 팔았다. 그렇지만 물고기를 많이 잡지 못해서 많은 돈을 벌지 못했고 부부는 가난하게 살았다. 아내는 항상 가난한 생활에서 벗어나고 싶다고 투덜투덜 불평하곤 했다.

투덜투덜 ☑

불만을 말하는 모습

2 그러던 어느 날, 남편은 평소처럼 낚시를 하러 바다에 나갔다. 오후가 지나고, 저녁이 될 때까지 물고기를 한 마리도 잡지 못해 남편은 걱정을 하고 있었다. 그런데 갑자기 무언가 무거운 것이 잡힌 것 같은 느낌이 들었다. 남편은 힘껏 그물을 끌어올렸다. 그런데 그것은 물고기가 아니라 낡은 항아리였다.

"아이고, 항아리네. 아내가 실망할 것 같은데, 어떡하지? 어쩔 수 없으니 이 항아리라도 그냥 가지고 갈 수밖에 없겠네."

남편은 물고기가 아니라 항아리라서 실망했지만 그냥 집으로 가지고 가기로 했다.

힘껏 ☑

있는 힘을 다 하는 모습

3 물고기가 아닌 항아리를 가지고 온 남편을 본 아내는 화를 냈다.

"여보, 이렇게 아무 곳에도 쓸모없는 항아리를 가지고 오면 어떻게 해요?"

"그래도 어딘가에 쓸 수 있을 테니 너무 화를 내지 마세요."

"돈도 많이 벌어 오지 못하고 더 이상 힘들어서 못 살겠어요."

"힘들더라도 잘 참으면 우리에게 좋은 날이 올 거예요. 힘을 냅시다!"

남편은 웃으면서 항아리를 걸레로 깨끗하게 닦았다. 그때 갑자기 그 안에서 소년이 나왔다.

"안녕하세요? 저를 바다에서 구해 주셨으니까 세 가지 소원을 들어 드릴게요. 무엇이든지 말해 보세요."

남편과 아내는 깜짝 놀라서 어떻게 해야 할지 몰랐다. 그런데 그때 아내가 말했다.

"소원을 들어 준다고요? 그럼 우리 집에는 먹을 것이 없으니 평생 먹을 수 있는 쌀을 주세요."

"네, 알겠습니다."

그렇지만 집 안에는 아무 변화도 없었다. 아내는 소년이 거짓말을 했다고 생각해서 화를 내다가 잠이 들었다.

4 다음 날 아침, 아침 식사를 준비하려고 부엌에 들어간 어부의 아내는 깜짝 놀랐다. 어부의 집 부엌에 쌀이 가득 차 있었기 때문이다.

"여보, 우리집 부엌에 쌀이 많아요. 빨리 일어나서 부엌에 좀 가 봐요. 부엌에……."

새단어

- **벗어나다** to break away, 脱する, 摆脱
- **항아리** pot, 壺, 缸
- **끌어올리다** to pull, 引き上げる, 捞
- **쓸모없다** to be useless, 役に立たない, 无用
- **낡다** to be old, 古い, 陈旧
- **걸레** rag, ぞうきん, 抹布
- **물고기** fish, 魚, 鱼

신이 난 아내는 항아리를 닦은 후 다시 나타난 소년에게 말했다.

"우리 집에는 돈이 없어요. 그러니까 돈을 많이 주세요."

"네, 알겠습니다."

5 다음 날 아침이 되었다. 어부의 집 마당에 돈이 가득찼다. 욕심이 생긴 아내는 마지막 소원을 생각하였다.

'마지막 소원은 무엇으로 할까? 돈과 쌀은 충분하니까 옷을 달라고 할까? 아니야, 옷은 돈으로 사면 되니까.. 무엇을 달라고 할까? 아! 그 전에 먼저 남편에게 바다에 가서 이런 항아리를 더 가지고 오라고 해야겠어. 그리고 세상에서 가장 아름다운 여자로 만들어 달라고 해야겠어. 그러면 왕과 결혼할 수 있을지도 몰라.'

"여보! 바다에 가서 이런 항아리를 더 찾아 와요."

"자꾸 이렇게 욕심을 내면 안 돼요. 우리는 이미 쌀도 많고 돈도 많은 부자가 되었잖아요. 그렇게 욕심을 내다가는 더 안 좋은 일이 생길지도 몰라요. 지나친 것은 모자라는 것과 같은 법이에요. 그러니까 이제 그만합시다."

지나친 것은 모자라는 것과 같다 ☑

지나치게 많은 것이나 부족한 것은 좋지 않기 때문에 무엇이든지 정도를 지키는 것이 중요함.

어부는 자꾸 욕심을 내는 아내를 보면서 안타까워했다.

"아니에요! 빨리 바다에 가세요! 빨리! 항아리를 찾기 전까지 집에 들어올 생각도 하지 마세요!"

어부는 어쩔 수 없이 바다로 나갔다. 그리고 아내는 항아리를 다시 닦았다.

"저를 세상에서 가장 아름다운 여자로 만들어 주세요."

"네, 알겠습니다."

6 항아리 소년은 아내의 말대로 아내를 세상에서 가장 아름다운 여자로 바꿔 주었다.

아내는 점점 더 욕심이 생겼다.

"세상에서 가장 아름다워졌으니까 왕의 아내가 되면 좋겠어."

그런데 이렇게 욕심을 부린 아내는 얼마 지나지 않아 다시 예전의 자신의 모습으로 돌아왔다. 뿐만 아니라 쌀과 돈도 모두 없어져 버렸다.

한편 바다에 나간 남편은 큰 파도 때문에 바다 속에 빠지고 말았다. 그런데 바다 속에서 남편은 바다의 왕을 만나게 되었고, 용궁에서 행복하게 살게 되었다.

그렇게 욕심을 내고 안달복달 하던 아내는 결국 모든 것을 잃고 평생 혼자 외롭고 가난하게 살게 되었다.

☑ **안달복달**

어떤 일이 잘 될까 잘 되지 않을까 마음을 태우면서 걱정하는 모습

새단어

- **마당** yard, 庭, 院子
- **충분하다** to be enough, 足りる, 充足
- **가득차다** to be full of, 満ちる, 満
- **안타깝다** to be pitiful, もどかしい, 惋惜
- **욕심** greed, 欲, 貪欲
- **지나치다** to be cut it too fat, 過ぎる, 过头
- **모자라다** to be short, 足りない, 不够

01   단어 이해하기

1 〈보기〉에서 알맞은 단어를 골라 문장을 완성하십시오.

보기	벗어나다	충분하다	안달복달	안타깝다
	가득	욕심	낡다	투덜투덜

1) 동생과 피자를 나누어 먹어야 해. 혼자 _____________내면 안돼.

2) 이 옷은 예쁘지만 오래되고 _____________ 이제 더 입을 수 없다.

3) 답답한 도시에서 _____________ 어디론가 떠나고 싶다.

4) 어제 지하철에서 돈이 _____________ 든 지갑을 주웠다.

5) 경복궁까지 가까우니까 가는 데 30분이면 _____________.

6) 시험은 이미 끝났으니까 _____________하지 말고 결과를 기다려 보자.

02   내용 이해하기

1 이 이야기에서 배울 점은 무엇입니까?

① 소원은 많이 말해야 한다.

② 지나친 욕심은 오히려 해가 된다.

③ 항아리를 찾기 위해 노력해야 한다.

④ 아름다움은 인생에서 가장 중요한 것이다.

2 이야기를 읽고 맞으면 O, 틀리면 X 하십시오.

1) 항아리를 처음 본 아내는 남편에게 화를 냈다. (　　)

2) 남편과 아내 그리고 소년은 오래전부터 알던 사이이다. (　　)

3) 남편은 지금은 가난하지만 곧 좋은 날이 올 거라고 믿었다. (　　)

4) 남편이 가지고 온 항아리는 소원을 말하면 소원을 들어주는 요술 항아리였다. (　　)

이야기 돌아보기

1 다음은 '요술 항아리'를 정리한 것입니다. 이야기의 순서를 생각하면서 일어난 일을 정리해 보십시오.

(   ) 옛날 어느 마을에 한 부부가 살았다.

(   ) 항아리를 본 아내는 화를 냈지만 남편은 걸레로 깨끗이 닦았다.

(   ) 아내는 돈과 쌀이 많았으면 좋겠다는 소원을 빌었다.

(   ) 아내가 말한 것처럼 부부의 집은 부자가 되었다.

(   ) 어느 날, 어부인 남편은 바다에 나가 오랫동안 낚시를 했지만 항아리만 가지고 오게 되었다.

(   ) 항아리를 닦으니까 항아리에서 한 소년이 나와 소원을 말하라고 하였다.

(   ) 아내가 욕심을 내서 결국 가졌던 돈과 쌀은 모두 사라지고 아내는 외롭게 살게 되었다.

(⑧) 그리고 또 다른 항아리를 가져 오기 위해 바다에 나갔던 남편은 용궁에서 살게 되었다.

★ 이야기에 나온 표현들을 공부해 봅시다.

동형 -(으)ㄹ 수밖에 없다

01 그 방법 이외에 방법 이외에 다른 방법이 없거나 다른 것은 선택할 수 없을 때 사용합니다.

> 예 영화표가 매진이 되었으니까 다음에 **올 수밖에 없겠어요.**
> 집에 밥이 없으니까 편의점에서 빵을 사 **먹을 수밖에 없어요.**

02 다른 가능성이 없음을 나타낼 때도 사용합니다.

> 예 윤오 씨는 운동도 잘하고 공부도 잘하고 성격도 좋으니까 인기가 **많을 수밖에 없**
> **어요.**
> 그 호텔은 시설도 좋고 위치도 좋으니까 **비쌀 수밖에 없어요.**

동형 -더라도

'-더라도' 앞에 제시된 상황이 뒤에 영향을 주지 않는 상황을 가정할 때 사용합니다.

> 예 내일 비가 **오더라도** 계획대로 박물관에 갑시다.
> **비싸더라도** 좋은 물건을 사는 것이 더 낫지 않아요?

동형 –(으)ㄹ지도 모르다

일어날 가능성이 낮은 일을 추측할 때 사용합니다.

예 오늘 친구를 만나는데 **늦을지도 몰라요.**

요즘 바빠서 주말에 모임에 못 **나갈지도 몰라요.**

동 –다가는

'–다가는' 앞의 상황이 계속되면 안 좋은 결과가 생길 가능성이 있다고 말할 때 사용합니다.
뒤에는 주로 '추측' 표현이 함께 옵니다.

예 그렇게 공부를 안 하고 놀기만 **하다가는** 시험에 떨어질지도 몰라요.

그렇게 술을 **마시다가는** 건강이 나빠질 거예요.

과유불급(過猶不及)

정도가 지나친 것은 부족한 것보다 좋지 않다는 의미입니다.

> 예　가: 운동을 너무 심하게 했나 봐요. 어깨가 아파요.
> 나: **과유불급**이라는 말도 있잖아요. 너무 심한 운동은 오히려 안 좋은 법이에요.

소탐대실(小貪大失)

작은 것을 욕심내다가 큰 것을 잃는다는 의미입니다.

> 예　눈앞에 이익만 얻으려고 하면 **소탐대실**할 수 있다.

이야기 속 **한국 문화**

교훈을 주는 옛날이야기

옛날이야기는 재미있는 내용으로 교훈을 주는 목적이 있다. 특히 한국의 옛날이야기에는 효도와 관계된 이야기뿐만 아니라 욕심을 부리지 말라는 교훈을 주는 이야기도 많이 있다. 마시면 젊어지는 샘물을 알게 되어 그 샘물을 마시다가 아기가 되어 버린 할아버지의 이야기, 돌리면 소금이 나오는 맷돌을 갖게 된 후 무조건 맷돌을 돌리다가 바다에 빠져 죽고 만 어느 부자 영감의 이야기 등은 모두 욕심을 지나치게 부리면 안 된다는 교훈을 준다.

이 '요술 항아리' 이야기는 서양의 이야기인 '알라딘의 요술램프'와 비슷한 점이 있다. 자신에게 주어진 것에 만족하면서 늘 감사하는 마음으로 살라는 생각은 서양이나 동양이나 할 것 없이 중요했던 것이다. 현대를 사는 우리들도 지나친 욕심은 버리고, 항상 감사하면서 살아간다면 인생은 더욱 행복해질 것이다.

세상에서 가장 긴 이름

문 열기

01 여러분 나라에서 가장 흔한 이름은 무엇입니까?

02 여러분의 이름에는 어떤 의미가 담겨 있습니까?

1 옛날 어느 마을에 부자 영감이 살고 있었다. 이 부자 영감에게는 땅도 많고, 돈도 많았지만 60살이 다 될 때까지 자식이 없어서 언제나 자식이 생기기만 기다렸다.

오랜 기다림 끝에 드디어 아기가 생겼다.

"부처님, 하느님, 감사합니다! 내 나이 60살에 드디어 아기가 생겼어요!"

부자 영감은 하늘을 날아갈 정도로 기뻤다. 그리고 자신을 보며 방긋방긋 웃는 아기를 보니 부자 영감은 말로 표현할 수 없을 정도로 기뻤다.

"귀여운 내 아기! 그래! 이 아기에게 세상에서 가장 좋은 이름을 지어 주어야겠다!"

이렇게 마음을 먹은 부자 영감은 먼저 스님을 찾아갔다.

방긋방긋 ☑

아기가 웃는 모습을 표현할 때 사용하는데 주로 입을 조금 벌리고 소리없이 가볍게 웃는 모습

마음(을) 먹다 ☑

어떤 일을 하기로 결심함.

2 "스님! 이 아이에게 좋은 이름 하나 지어 주십시오. 저는 이 아이가 오래 살았으면 좋겠거든요."

"음. 그래요! 사람에게 생명보다 귀한 것이 없으니 목숨이 끝이 없다는 뜻으로 '수한무'라고 지으면 어떻겠어요?"

스님을 만나 '수한무'라는 이름을 받은 부자 영감은 정말 행복했다.

그때 마침 그 절에 기도를 하러 온 선비 한 명이 있었는데 그 선비도 한 마디 했다.

"오래 사는 동물은 거북이가 있잖아요. 거북이라는 이름도 좋을 것 같은데요."

"아, 그 이름도 좋겠네요."

3 부자 영감은 집으로 돌아오는 길에 지혜로운 농부를 만났다. 그 농부에게 역시 좋은 이름을 물었는데 농부는 이렇게 대답했다.

"오래 살 수 있는 이름은 두루미가 아닐까요? 두루미는 천년을 산다고 하잖아요."

'수한무, 거북이, 두루미, 모두 좋은 이름이네.'

이런 생각을 하며 행복한 마음으로 돌아오던 부자 영감이 이번에는 마을 학교에서 아이들을 가르치는 훈장을 만났다. 그 훈장에게도 좋은 이름을 하나 지어 달라고 부탁했다.

"오래 사는 이름이요? 음. 그럼 '삼천갑자 동방삭'이라고 지으세요. 동방삭은 삼천갑자를 산 사람이잖아요. 삼천갑자는 환갑을 삼천 번 지낸 것이니 오래 산다는 뜻으로는 최고가 아닐까요?"

"환갑을 삼천 번이요? 그러면 18만 년이나 산 사람이라는 뜻이군요. 그거 좋네요."

이렇게 말하고 나서 부자 영감은 고민을 하기 시작했다. 마음에 드는 이름이 정말 많았기 때문이다.

'좋아! 사람들이 지어 준 이름을 모두 우리 아이의 이름으로 해야겠어! 이렇게 좋은 이름이 있는 한 우리 아이는 100살까지 아프지 않고 행복하게 살 거야.'

새단어

- **귀하다** to be precious, 大切だ, 宝贵
- **훈장** teacher, 村塾の先生, 私塾先生
- **드디어** finally, ついに, 终于

- **지혜롭다** to be wise, 賢い, 智慧
- **목숨** life, 命, 生命
- **선비** scholar, 士, 书生

무럭무럭 ☑

아이들이 잘 자라는 모습

옹기종기 ☑

크기가 서로 다른 것이 모여 있는 모습을 표현한 말로 아이들이 모여 앉아 있는 모습

버럭 ☑

화가 나서 갑자기 소리를 치는 모습

심사숙고 ☑

일을 할 때 깊게 생각하고, 신중하게 고민한다는 의미임.

4 아이는 무럭무럭 자라 일곱 살이 되었다. 아이가 자라는 모습을 보니 부자 영감은 정말 행복했다.

　어느 날 영감의 아들이 마을 친구들과 옹기종기 모여 앉아 놀고 있었다.

　"수한무야, 우리 숨바꼭질 하자."

　아이의 친구들이 이렇게 부르는 것을 들은 영감은 화를 버럭 내며 말했다.

　"안 돼! 이름을 정확하게 불러야 해! 내가 얼마나 심사숙고해서 지은 이름인데. 다시 불러 봐!"

　"김 수한무 거북이와 두루미 삼천갑자 동방삭아, 우리 숨바꼭질 하자."

　부자 영감은 동네 사람들이 아들의 이름을 정확하게 부르지 않으면 화를 내곤 했다.

5 그러던 어느 날, 김 수한무 거북이와 두루미 삼천갑자 동방삭과 친구들은 마을에 있는 연못 근처로 놀러 갔다. 신나게 놀던 김 수한무 거북이와 두루미 삼천갑자 동방삭은 갑자기 물에 빠지고 말았다. 당황한 아이들은 어떻게 해야 할지 몰랐다.

　"어떡하지? 김 수한무 거북이와 두루미 삼천갑자 동방삭아! 괜찮아? 조금만 기다려. 어른들을 불러 올게."

　"김 수한무 아버님 계세요?"

　"우리 아들 이름을 정확하게 불러야지! 무슨 일이야?"

　"아버님, 김 수한무 거북이와 두루미 삼천갑자 동방삭이…"

"도대체 무슨 일이야? 우리 김 수한무 거북이와 두루미 삼천갑자 동방삭
에게 무슨 일이 생겼어?"

"김 수한무 거북이와 두루미 삼천갑자 동방삭이랑 같이 연못 근처에 놀
러 갔는데요. 김 수한무 거북이와 두루미 삼천갑자 동방삭이 물에 빠졌어
요! 빨리 구하러 가야 해요!"

"뭐라고? 김 수한무 거북이와 두루미 삼천갑자 동방삭이? 아이고, 내 아
들!"

이 소식을 들은 김 수한무 거북이와 두루미 삼천갑자 동방삭의 아버지와
동네 사람들은 연못이 있는 곳으로 뛰어갔다.

"김 수한무 거북이와 두루미 삼천갑자 동방삭아! 김 수한무 거북이와 두
루미 삼천갑자 동방삭아!"

6 부자 영감이 도착했을 때 김 수한무 거북이와 두루미 삼천갑자 동방삭
은 살기 위해 나뭇가지 하나만 잡고 겨우 버티고 있었다.

"김 수한무 거북이와 두루미 삼천갑자 동방삭아! 내 아들아! 누가 우리
아들 좀 구해 줘요!"

부자 영감과 김 수한무 거북이와 두루미 삼천갑자 동방삭의 친구들은 연
못 옆에서 어떻게 해야 할지 몰라 엉엉 울고 있었다. 바로 그 때 마을 청년
한 명이 김 수한무 거북이와 두루미 삼천갑자 동방삭을 구하러 물에 뛰어
들어갔다.

새단어

- **겨우** barely, やっと, 勉强
- **나뭇가지** branches, 枝, 树枝
- **버티다** to endure, 耐える, 支撑
- **도대체** (what) on earth, 一体, 到底
- **청년** the young, 青年, 青年
- **깨닫다** to realize, 悟る, 觉悟

7 "내 아들, 김 수한무 거북이와 두루미 삼천갑자 동방삭아! 내가 너를 잃을 뻔했구나."

부자 영감은 아들의 긴 이름을 부르다가 아들을 잃을 뻔했다는 사실을 깨닫게 되었다.

며칠 뒤 김 수한무 거북이와 두루미 삼천갑자 동방삭의 친구들이 찾아왔다.

"김 수한무 거북이와 두루미 삼천갑자 동방삭아! 놀자!"

집에서 김 수한무 거북이와 두루미 삼천갑자 동방삭 대신 부자 영감이
나왔다.

"얘들아, 이제 우리 아들의 이름, 김 수한무 거북이와 두루미 삼천갑자
동방삭이라는 긴 이름 대신에 '김 수한무'라고 불러도 좋아. 알겠지?"

"네, 수한무야! 놀자! 하하하!"

☑ **하하하**

입을 벌리고 크
고 즐겁게 웃는
모습

01 단어 이해하기

1 〈보기〉에서 알맞은 단어를 골라 문장을 완성하십시오.

보기	겨우	버티다	옹기종기	깨닫다
	귀하다	방긋방긋		

1) 할머니께서는 그동안 아끼시던 ______________ 반지를 내게 주셨다.

2) 아기가 엄마를 보고 ____________ 웃는 모습이 정말 아름답다.

3) 며칠 동안 밤을 새워서 ____________ 숙제를 완성했다.

4) 어머니께서 돌아가신 후에 나는 어머니의 사랑을 ____________.

5) 지진 때문에 모든 것을 잃은 사람들은 살아야겠다는 정신력으로 ____________.

02 내용 이해하기

1 다음 이름과 이름을 지어준 사람이 <u>잘못</u> 연결된 것을 고르십시오.

① 삼천갑자 동방삭 — 훈장　　　　　　② 수한무 — 스님

③ 기러기 — 농부　　　　　　　　　　④ 거북이 — 선비

2 다음의 내용이 맞으면 O, 틀리면 X 하십시오.

1) 부자 영감은 아기의 이름을 짓기 위해 고민을 많이 했다.　　　　　　(　　　)

2) 부자 영감의 아기는 태어난 지 7년 만에 이름을 갖게 되었다.　　　　(　　　)

3) 부자 영감은 여러 사람의 의견을 듣고 아기의 이름을 지었다.　　　　(　　　)

이야기 돌아보기

1 여러분이 이 이야기의 주인공 '김 수한무 거북이와 두루미 삼천갑자 동방삭'이었다면 어땠을까요? 다음의 내용을 생각해 봅시다.

- 이름의 장점

- 이름의 단점

★ 이야기에 나온 표현들을 공부해 봅시다.

동형 -(으)ㄹ 정도(로)

01 정도를 표현할 때 사용합니다. '-(으)ㄹ 정도' 앞에 나오는 내용과 비슷한 느낌을 표현합니다.
'-(으)ㄹ 만큼'으로 바꾸어 사용할 수 있습니다.

> 예　어제 목이 **아플 정도로** 노래를 많이 불렀어요.
>
> 그 배우가 나오는 영화를 정말 좋아해서 영화의 대사를 모두 **외울 정도예요.**

02 자신의 느낌을 과장해서 표현할 때도 사용할 수 있습니다.

> 예　어제 먹은 낙지 요리는 너무 매워서 **입에서 불이 날 정도**였어요.
>
> 영화가 정말 재미있어서 **배꼽이 빠질 정도로** 웃었다.

동 -(으)며

한 가지 이상 행동을 동시에 하는 것을 표현할 때 사용합니다. '-(으)면서'의 의미가 있습니다.

> 예　윤오는 노래를 **들으며** 공부를 하는 것을 좋아한다.
>
> 내 친구는 팝콘을 **먹으며** 영화를 본다.

동 **–는 한**

'–는 한' 앞의 내용이 조건이 되면 뒤의 상황이 될 것이라는 의미입니다.
보통 극단적인 상황에 사용됩니다.

> 예 윤오 씨가 잘못한 일이니까 윤오 씨가 먼저 **사과하지 않는 한** 저도 화해하지 않을
> 거예요.
> 지구의 환경을 걱정하는 사람들이 **있는 한** 지구는 멸망하지 않을 것입니다.

동 **–(으)ㄹ 뻔하다**

실제로 일어나지 않았지만 거의 일어날 것 같았을 때 사용합니다.
항상 '–(으)ㄹ 뻔했다'의 형태로 씁니다.

> 예 아침에 학교에 오다가 사고가 **날 뻔했어요.** 그런데 다행히 옆에 있던 아저씨가 구
> 해 주었어요.
> 알람을 못 들어서 아침에 **못 일어날 뻔했지만** 친구가 깨워 주어서 일어났어요.

애지중지(愛之重之)

매우 사랑하고 소중히 생각한다는 의미입니다.

> 예 할머니께서는 가난했지만 어린 손녀들을 **애지중지** 키우셨다.

금지옥엽(金枝玉葉)

세상에 둘도 없이 귀중한 자식이라는 의미입니다.

> 예 가: 우리 부모님께서는 결혼한 지 15년 만에 저를 낳아서 **금지옥엽**으로 기르셨
>   어요.
>   나: 15년 만에요? 정말 소중한 딸이네요.

한국인과 이름

한국인의 이름에는 대부분 한자가 있는데, 한국인에게 이름은 중요한 의미가 있어서 이름에 넣으면 안 되는 한자가 있을 정도다. 또한 옛날 한국에는 마을마다 이름을 지어 주는 어른이 한 분씩 계셨다고 한다. 아기가 태어나면 그 어른을 찾아가 아기의 인생을 함께할 좋은 이름을 지어 달라고 부탁을 하였고, 그렇게 좋은 이름을 지어 아기의 인생에 복을 빌어 주었다고 한다.

그리고 이름과 자신의 인생이 관련이 있다고 생각하는 경우도 있어서 이름이 좋지 않으면 이름을 바꾸는 경우도 있다. 물론 이름을 바꾸는 것은 매우 어렵고 복잡한 일이지만 그 사람의 인생에 관계가 있는 것이니 힘들어도 바꾸는 것이다.

'호랑이는 죽어서 가죽을 남기고 사람은 죽어서 이름을 남긴다.'는 속담이 있을 정도로 한국인은 이름을 소중하게 생각하고, 그 이름이 부끄럽지 않게 노력하면서 살고 있다.

은혜 갚은 까치

 ## 문 열기

01 여러분은 어려운 상황에 있는 사람을 도와주는 편입니까? 아니면 그냥 모른 척하고 지나가는 편입니까?

02 여러분이 어려운 상황에 있을 때 다른 사람에게 도움을 받은 적이 있습니까? 도움을 받은 후에 도와준 사람에게 보답했습니까?

1 전라도에 사는 한 선비가 중요한 시험이 있어서 서울에 가기 위해 산을 넘어가고 있었다. 그 산의 정상에는 오래된 큰 종이 있었다.

선비가 산 정상에서 잠시 쉬고 가려는데 그때 어디에선가 시끄러운 까치 소리가 들렸다. 선비는 고개를 들어 나무 위를 보았다.

나무 위에는 까치의 둥지가 있었고, 큰 구렁이 한 마리가 그 둥지를 향해 **살금살금** 다가가고 있었다. 둥지로 점점 다가오는 구렁이를 보고 놀란 까치 부부가 크게 소리 내어 울면서 구렁이를 공격했다. 둥지 안에는 까치의 새끼 두 마리가 있었기 때문이다.

'저 구렁이가 까치들의 새끼를 잡아먹으려고 하는구나! 큰일이군! 도와줘야겠다.'

이렇게 생각한 선비는 주위에 있던 큰 돌을 주워서 구렁이에게 던졌다. 선비의 돌에 맞은 구렁이는 나무 밑으로 떨어져서 죽었다.

선비는 다행이라고 생각하면서 다시 서울로 출발하려고 하는데 까치 부부가 날개를 **활짝** 펴고 선비의 주변을 돌았다. 마치 고맙다는 인사를 하는 것 같았다.

"까치야, 이제 안심해라. 구렁이가 죽었으니 새끼들은 안전할 거야."

2 선비는 까치 새끼들을 구하느라고 예상 시간보다 늦게 출발하게 되었다. 그래서 산을 다 넘기 전에 해가 지고 말았다. 선비는 어두워진 산 속에서 헤매다가 집을 발견했다.

'저기 집이 있구나. 저기에서 하룻밤 재워 달라고 해야겠다.'

살금살금 ☑

남이 알지 못하게 눈치를 보면서 조심스럽게 행동하는 모양

활짝 ☑

새가 날개를 펴거나 꽃잎이 크게 핀 모양

그 집에 도착한 선비는 문을 두드렸고 하얀 소복을 입은 여자가 나오며 말했다.

"누구세요?"

"실례지만 길을 지나가던 사람인데요. 갑자기 날이 어두워져서 그러는데 하룻밤 신세를 져도 될까요?"

여자는 대답했다.

"네. 집이 낡아서 불편하시겠지만 괜찮으시면 들어오세요."

선비는 여자를 따라서 집 안으로 들어갔다. 집 안에 아무도 없는 것이 이상하다고 생각한 선비가 말했다.

"이렇게 큰 집에 혼자 사십니까?"

"네, 남편이 죽고 지금은 혼자 삽니다."

여자는 오늘 선비가 묵을 방을 안내한 후 돌아갔고, 피곤한 선비는 눕자마자 잠이 들었다.

3 한참을 자고 있던 선비는 방 안에 누군가 들어온 느낌이 들어서 벌떡 일어났다. 선비는 두려운 마음에 "누구세요? 누가 방에 들어온 것입니까?"라고 말하면서 촛불을 켰고 선비의 옆에는 한 여자가 서 있었다. 그 사람은 바로 집 주인이었다.

☑ **신세를 지다**

다른 사람에게 도움을 받거나 피해를 주는 행동을 함.

☑ **벌떡**

눕거나 앉아 있다가 조금 큰 동작으로 갑자기 일어나는 모양

새단어

- **정상** top(of a mountain), 絶頂, 山顶
- **종** bell, 鐘, 钟
- **까치** magpie, 鵲, 喜鹊
- **새끼** young(animal), (動物の) 子, 崽子
- **둥지** nest, 巢, 巢穴
- **구렁이** big snake, 大蛇, 蟒蛇

- **소복** white mourning clothes, 白装束, 素服
- **묵다** to stay, 泊まる, 歇宿
- **헤매다** to wander, 迷う, 徘徊
- **한참** for a long time, しばらく, 好一会儿
- **마치** like, まるで, 好像

"이 늦은 시간에 여기에서 뭐 하시는 겁니까?"

"내 남편을 죽인 원수! 너를 죽이러 왔지."

"제가요? 무슨 소리예요? 그럴 리가 없어요. 저는 사람을 죽이지 않았습니다."

"네가 오늘 낮에 산 속에서 구렁이 한 마리를 죽이지 않았어? 그 구렁이가 바로 내 남편이야. 우리는 용이 되어 하늘로 올라가기 위해 천 년 동안 기도를 하고 있었고 오늘 새벽에 닭이 세 번 울면 용이 되어 하늘로 올라갈 수 있었지. 그런데 당신이 내 남편을 죽인 거야. 그러니까 나는 남편의 복수를 하고 새벽이 되기 전에 용이 되어 하늘로 가야겠어."

이렇게 말한 후, 여자는 구렁이로 변했고 선비의 말은 들어보지도 않고 다짜고짜 선비를 죽이려고 했다.

다짜고짜 ☑

일의 앞뒤 상황이나 이유를 미리 알아보지 않고 급하게 행동하는 모습

4 "일부러 당신의 남편을 죽인 것은 아닙니다. 그 구렁이가 죄 없는 어린 까치 새끼를 죽이려고 했기 때문에 어쩔 수 없이 죽인 것입니다. 제발 살려 주세요."

선비의 말을 듣고 구렁이의 아내는 공격을 멈추었다.

"좋아. 그렇다면 기회를 주지. 새벽에 닭이 세 번 울면 나는 용이 되어 하늘로 올라가야 해. 그 전에 너를 죽일 거야. 그러나 만약 닭이 세 번 울기 전에 이 산의 꼭대기에 있는 종이 먼저 세 번 울린다면 신이 당신을 돕는다고 생각하고 살려 주지."

"이 밤에 산의 꼭대기에 있는 종이 어떻게 울릴 수 있겠어요?"

선비는 착한 일을 하고도 죽게 될 자신의 운명이 기가 막혀서 울음조차 나오지 않았다.

5 시간이 지나고 닭이 한 번 울었다. 여자가 말했다.

"이제 닭이 두 번만 더 울면 너는 죽게 될 거야."

곧 두 번째 닭의 울음소리가 들렸다.

'이젠 정말 죽겠구나.'

하고 선비가 생각한 순간이었다.

'뎅~~~'하고 갑자기 산 정상에서 종소리가 울렸다.

선비뿐만 아니라 구렁이도 깜짝 놀랐다. 다시 '뎅~~~'하는 종소리가 산 전체에 울려 퍼졌다.

"이럴 수가! 하늘이 너를 도운 것 같군. 남편이 죽은 것은 슬프지만 약속대로 너를 살려 줄 수밖에 없겠어."

종소리를 들은 구렁이의 아내는 이렇게 말하고 용이 되어 하늘로 올라갔다.

6 선비는 천우신조로 목숨을 구했다고 생각했고 다시 서울로 떠날 준비를 했다.

☑ 기가 막히다

상상하기 힘들거나 이해할 수 없는 일 때문에 할 말이 없을 정도임.

☑ 뎅

종이 울려 퍼지는 소리

☑ 천우신조

하늘이 돕고 신이 도움.

새단어

- **원수** enemy, 敵/仇, 仇敌
- **복수** revenge, 敵討ち, 报复
- **촛불** candle light, 蝋燭, 烛火
- **용** dragon, 竜, 龙
- **기도** pray, 祈り, 祈祷

- **죄** sin, 罪, 罪
- **기회** opportunity, 機会, 机会
- **꼭대기** top, 山のいただき, 顶端
- **은혜** favor, 恩, 恩惠
- **굉장히** extremely, すごく, 特別

목숨을 구했으니 서울에 가기 전에 신에게 인사를 드려야겠다고 생각한 선비는 산 정상의 종이 있는 곳으로 향했다. 종이 있는 곳에 도착한 선비는 굉장히 놀랐다.

그곳에는 선비가 어제 구해 준 까치 부부가 머리에 피를 흘리고 죽어 있었기 때문이다.

"너희들이 은혜를 갚기 위해 이 작은 몸으로 종을 울려 나를 살린 것이구나. 많이 아팠을 텐데 정말 고맙다. 까치야. 나도 이 은혜를 평생 잊지 않을게."

선비는 종 아래에 죽어 있는 까치를 햇빛이 잘 비추는 좋은 땅에 묻어 주고 다시 길을 떠났다.

01　단어 이해하기

1　다음 대화에 맞는 표현을 찾아 쓰십시오.

신세를 지다	기가 막히다	목숨을 구하다	은혜를 갚다

1) 가: 남자 친구가 약속에 늦었는데 오히려 자기가 화를 내고 가 버렸어.

　나: 어머! 진짜야? ＿＿＿＿＿＿ 말도 안 나오네. 절대로 용서해 주지 마.

2) 가: 다음 주에 일본으로 여행을 간다고 했지? 호텔은 예약했어?

　나: 응, 다음 주에 가. 일본에 고모가 살고 계셔서 고모 댁에 ＿＿＿＿＿＿.

3) 가: 어제 뉴스 봤어? 길에 쓰러진 할아버지가 그 옆을 지나던 어느 시민 덕분에

　　＿＿＿＿＿＿.

　나: 응, 봤어. 구급차가 오기 전에 빨리 응급조치를 했기 때문에 살 수 있었던 거래.

02　내용 이해하기

1　이야기의 순서로 맞는 것을 고르십시오.

서울로 시험을 보러 가던 선비는 산 속에서 까치 새끼를 잡아먹으려는 구렁이를 발견했다.

㉮ 우연히 발견한 집에는 죽은 구렁이의 아내가 사람으로 변해서 선비를 죽이기 위해 기다리고 있었다.

㉯ 선비는 그 구렁이를 죽이고 다시 서울로 출발했다.

㉰ 선비는 산 속에서 해가 져서 길을 헤매다가 가까운 집을 찾아 하룻밤 자고 가기로 했다.

㉱ 구렁이의 아내는 새벽이 오기 전에 산 정상에 있는 종이 세 번 울리면 선비를 살려 주기로 약속했다.

새벽이 오기 전에 까치 부부가 도와준 덕분에 선비는 목숨을 구할 수 있었다.

①　㉮－㉱－㉯－㉰　　②　㉯－㉰－㉮－㉱　　③　㉮－㉱－㉰－㉯　　④　㉯－㉰－㉱－㉮

이야기 돌아보기

1 여러분이 이야기 속의 인물이라면 어떻게 하겠습니까?

- 만약 여러분이 **선비**였다면 까치를 도왔겠습니까?

- 만약 여러분이 **까치 부부**였다면 선비를 위해 죽을 수 있습니까?

- 만약 여러분이 **아내 구렁이**였다면 선비를 죽이겠습니까? 살려 주겠습니까?

★ 이야기에 나온 표현들을 공부해 봅시다.

동 -느라고

앞의 내용(행동) 때문에 뒤의 상태가 되거나 행동을 할 수 없었을 때 그 이유를 말하는 데 사용합니다.
이때 앞과 뒤의 행동은 같은 시간에 일어납니다.
앞 문장과 뒤 문장의 주어는 같아야 합니다.

> 예 **샤워하느라고** 전화를 못 받았어요.
>
> 어제 발표 준비를 **하느라고** 잠을 못 잤어요.

동 -고도

앞의 행동을 한 후의 결과가 예상과 달랐을 때 사용합니다.

> 예 저 아이는 **넘어지고도** 울지 않네요.
>
> 연숙이는 약속 시간에 한 시간이나 **늦고도** 사과를 하지 않았다.

명 조차

일반적으로 당연하거나 쉽다고 기대하는 것이 기대와 다른 상황일 때 사용합니다.
주로 부정의 뜻을 나타내는 문장에 씁니다.

예 너무 바빠서 화장실에 갈 **시간조차** 없다.
이번 시험은 너무 어려워서 공부를 제일 잘하는 **친구조차** 못 푼 문제가 있었다고
한다.

동 형 -(으)ㄹ 텐데

그럴 것 같다고 추측하여 상황을 제시할 때 사용합니다.
문장 끝에서는 '-(을)ㄹ 텐데(요)'의 형태로 사용합니다.

예 기차가 곧 **출발할 텐데** 서두릅시다.
시험이 **어려웠을 텐데** 우리 딸이 잘 봤다고 해서 다행이에요.

결초보은(結草報恩)

죽은 후에도 은혜를 잊지 않고 갚음을 의미합니다.

예 어려울 때마다 도와주신 은혜는 죽어서도 잊지 않고 **결초보은**할 것이다.

각골난망(刻骨難忘)

받은 은혜가 뼈에 새길 만큼 커서 잊을 수 없을 정도임을 의미합니다.

예 부모님을 잃은 나를 어려서부터 돌봐 주신 큰어머니의 은혜는 정말 **각골난망**입
니다.

'보답'을 중요하게 생각하는 한국 사람

　한국에는 은혜를 갚는 이야기가 많은 편이다. '은혜 갚은 까치'의 이야기 외에 '은혜 갚은 호랑이', '선녀와 나무꾼', '흥부놀부' 등이 있다. 이 이야기들을 통해 한국인들의 '보답'에 대한 생각을 살펴볼 수 있다.

　'은혜 갚은 호랑이'에서 호랑이는 자기를 도와준 가난한 나무꾼에게 여러 가지 도움을 주었고, '선녀와 나무꾼'에서 사슴은 사냥꾼으로부터 목숨을 구해 준 나무꾼에게 보답하기 위해 선녀를 만나게 해 주고 하늘로 가는 방법을 가르쳐 주었다. 또 '흥부놀부' 이야기에서 제비는 자신을 치료해 준 흥부에게 박씨를 물어다가 주어서 부자가 되게 해 주었다. 이렇게 동물들이 사람에게 은혜를 갚는 내용이 많다. 이것은 보답의 가치를 신비롭고 재미있는 이야기를 통해 전달하고자 한 한국의 문화가 담겨 있는 것이다.

개와 고양이

 ## 문 열기

01 여러분 나라에서 개와 고양이는 서로 사이가 좋습니까? 아니면 사이가 좋지 않습니까? '개와 고양이처럼 사이가 좋지 않다'는 말을 들어 본 적이 있습니까?

02 여러분 나라에 서로 사이가 좋지 않다는 것을 비유적으로 표현하는 이야기나 속담이 있습니까?

1 옛날 옛날에 강 근처 작은 마을에 가난하지만 마음씨 착한 할아버지와 할머니가 살았다. 할아버지는 가난한 어부였지만 개와 고양이를 자식처럼 키우며 할머니와 오순도순 행복하게 살았다. 개와 고양이도 그땐 사이가 아주 좋았다.

오순도순 ☑

사이 좋게 지내거나 이야기를 하는 모양

아침이 되면 할아버지는 물고기를 잡으러 강가로 나갔다. 어느 날 할아버지는 일주일 생활비를 받고 팔 수 있을 정도로 큰 물고기를 잡았다. 그런데 할아버지는 그 물고기를 그냥 놓아 주었다. 할아버지를 보면서 눈물을 흘리는 물고기가 너무 불쌍해 보였기 때문이다.

2 일주일 후 할아버지는 강가에서 거북이를 만났다. 거북이는 용왕의 심부름으로 할아버지를 만나러 왔다고 했다.

"할아버지가 잡았다가 놓아 준 그 물고기는 사실 용왕님의 아들이에요. 용왕님께서는 할아버지를 용궁으로 불러 큰 잔치를 열고 싶다고 하셨어요. 저와 함께 가시죠."

할아버지는 용궁으로 가서 용왕을 만났다.

"제 아들을 살려 주셔서 정말 고맙습니다. 이것은 감사의 뜻으로 드리는 선물입니다."

용왕은 할아버지에게 '파란 구슬'을 하나 선물했다. 할아버지는 그 구슬을 가지고 집으로 돌아왔고 그 날부터 '파란 구슬' 덕분에 할아버지와 할머니는 아무 걱정 없이 살게 되었다. '파란 구슬'은 할아버지와 할머니가 말하는 것은 무엇이든지 다 들어주는 마법의 구슬이기 때문이었다.

"파란 구슬아, 우리가 살고 있는 초가집은 너무 춥구나."라고 말하면 으리으리한 기와집이 생겼고, "파란 구슬아, 배가 고픈데 쌀이 다 떨어졌구나."라고 말하면 곳간에 쌀이 가득 쌓였다.

3 할아버지가 구슬 덕분에 부자가 되었다는 소식은 강 건너 마을에까지 퍼졌다. 강 건너에 사는 욕심쟁이 할머니는 이 소문을 듣고 할아버지의 집으로 왔고, 몰래 구슬을 바꿔서 도망가 버렸다. 욕심쟁이 할머니가 구슬을 훔쳐서 밖으로 나오자마자 기와집은 다시 초가집으로 바뀌었고 좋은 옷과 쌀도 모두 사라져 버렸다. 할아버지와 할머니는 욕심쟁이 할머니가 구슬을 훔쳐갔다는 사실을 알게 되었고 매일 밤낮으로 울었다. 고양이와 개는 할아버지와 할머니가 너무 불쌍해서 어떻게든지 도와주고 싶었다. 개가 고양이에게 말했다.

☑ **밤낮으로**

밤과 낮에 모두, 항상 (계속)

"우리 강 건너 욕심쟁이 할머니의 집에 가서 구슬을 찾아 오자. 어때?"

"좋아! 그 동안 할아버지와 할머니 덕분에 우리가 편안하게 살 수 있었으니까 그 은혜를 갚아야지!"

그래서 개와 고양이는 함께 구슬을 찾으러 강 건너 욕심쟁이 할머니의 집으로 갔다.

새단어

- **마음씨** mind, 心根, 心地
- **마법** magic, 魔法, 魔法
- **강가** river-side, 川端, 河边
- **초가집** cottage, 草ぶきの家, 草房
- **불쌍하다** to be pathetic, かわいそうだ, 可怜
- **기와집** tile-roofed house, 瓦屋, 瓦房
- **용왕** the king of the sea, 竜王, 龙王

- **떨어지다** to fall, 落ちる, 短缺
- **용궁** palace of sea king, 竜宮, 龙宫
- **퍼지다** to spread, 広がる, 传开
- **잔치를 열다** to give a banquet, 宴を張る, 举行宴会
- **훔치다** to steal, 抜き取る, 偷
- **구슬** bead, 玉, 珠子

4 욕심쟁이 할머니의 집에 도착하자마자 고양이는 곳간으로 가서 쥐를 잡았다.

"이 녀석! 정말 맛있겠다! 지금 할머니의 방에 들어가서 '파란 구슬'을 몰래 가지고 나와. 그렇지 않으면 너를 잡아먹어 버릴 테니까!"

쥐는 고양이에게 잡아먹힐까 봐 고양이의 말대로 욕심쟁이 할머니의 방에 들어가 구슬을 가져다가 고양이에게 주었다.

5 고양이와 개는 강 건너에 있는 할아버지의 집으로 돌아가기 위해 강가로 갔다. 개는 입에는 '파란 구슬'을 물고 등에는 고양이를 태운 채 땀을 뻘뻘 흘리면서 열심히 강을 헤엄치기 시작했다. 고양이는 개가 '파란 구슬'을 잘 물고 있는지 걱정이 되었다. 더 이상 참을 수가 없어진 고양이가 개에게 물었다.

뻘뻘 ☑

땀을 매우 많이 흘리는 모양

"구슬을 잘 가지고 있지? 절대로 떨어뜨리면 안 돼!"

고양이가 계속해서 개에게 물었지만 구슬을 입에 물고 있는 개는 대답을 할 수 없었다.

"ㅇㅇㅇㅇ."

퐁당 ☑

작은 물건이 물에 빠질 때 나는 작은 소리

"잘 가지고 있다니까!"

고양이의 의심을 견디지 못한 개가 입을 여는 순간 구슬은 강물에 퐁당 빠져 버렸다.

6 강가에 도착하자마자 개는 미안한 마음에 집으로 돌아갔다. 하지만 고양이는 구슬을 찾지 못한 채로 절대로 집에 돌아가고 싶지 않아 며칠 동안

강가에 앉아서 구슬을 찾을 방법만 생각했다. 고양이는 어떻게든지 구슬을 찾을 방법이 있을 것이라고 믿었다. 그렇게 며칠이 지나고 배가 고파진 고양이는 강에서 물고기를 한 마리 잡았다. 그런데 물고기의 배가 딱딱해서 보니까 물고기 배 속에 '파란 구슬'이 들어 있었다.

☑ **샘이 나다**

다른 사람이 잘 된 것을 보고 그 사람을 미워하는 마음

7 고양이는 구슬을 물고 집으로 돌아왔고 그 뒤로 고양이는 할아버지, 할머니와 함께 집 안에서, 개는 마루 밑에서 살게 되었다. 개는 샘이 나서 견딜 수 없었고 그 때부터 개와 고양이는 서로 보기만 하면 으르렁거리는 사이가 되었다.

☑ **으르렁거리다**

사이가 좋지 않아 큰 소리로 자주 싸움.

새단어

- **몰래** secretly, こっそり, 偷偷地
- **딱딱하다** to be hard, 堅い, 堅硬
- **잡아먹다** to prey on, 取って食う, 猎食
- **마루** floor, 床, 地板
- **흘리다** to sweat, 垂らす, 流
- **샘(이)나다** to be jealous, うらやましい, 妒忌
- **헤엄치다** to swim, およぐ, 游
- **절대로** never, 絶対, 绝对
- **물다** to hold something with mouth, 噛む, 叼
- **의심하다** to doubt, 疑う, 怀疑
- **견디다** to stand, 耐える, 忍受
- **빠지다** to fall into, 落ち込む, 掉进

01　단어 이해하기

1 〈보기〉에서 알맞은 단어를 골라 문장을 완성하십시오.

보기	불쌍하다	사라지다	헤엄치다	빠지다
	샘이 나다	밤낮으로	오순도순	으르렁거리다

1) 길을 잃고 울고 있는 아이가 ＿＿＿＿＿＿＿ 경찰서에 데려다 주었다.

2) 새 휴대 전화를 산 친구를 보고 ＿＿＿＿＿＿＿ 어머니께 휴대 전화를 사 달라고 했다.

3) 연숙 씨는 ＿＿＿＿＿＿＿ 강을 건널 수 있을 거라고 생각했다.

4) 사이가 나쁜 윤오 씨와 연숙 씨가 만날 때마다 ＿＿＿＿＿＿＿ 우리 팀은 분위기가 안 좋다.

5) 연숙 씨는 일을 제시간에 끝내기 위해서 요즘 ＿＿＿＿＿＿＿ 일하느라 무척 피곤해 보인다.

02　내용 이해하기

1 이 이야기에서 배울 점은 무엇입니까?

① 은혜는 꼭 갚아야 한다.

② 욕심이 너무 많으면 안 된다.

③ 가난해도 착하게 살아야 한다.

④ 어려운 일이 생겨도 포기하지 않아야 한다.

2 이야기를 읽고 맞으면 O, 틀리면 X 하십시오.

1) 개와 고양이는 처음에는 사이가 좋았다.　　　　　　　　　　（　　）

2) 할아버지는 잡은 물고기를 놓아주면서 부자가 되게 해 달라고 소원을 빌었다. （　　）

3) 고양이는 잃어버린 ‘파란 구슬’을 찾기 위해서 욕심쟁이 할머니의 방에 직접 들어갔다.

　　　　　　　　　　　　　　　　　　　　　　　　　　　　　　（　　）

4) 개는 ‘파란 구슬’을 찾아 온 고양이를 칭찬해 주었다.　　　　　（　　）

이야기 돌아보기

1 각 장소에서 어떤 일이 생겼습니까? 정리해 보십시오.

1) 강가	2) 바다 속	3) 할아버지 집	4) 욕심쟁이 할머니의 집
강가에서 할아버지는 __________을/를 잡았다.	할아버지는 용왕의 아들을 살려 주었고, 용왕은 할아버지를 용궁으로 초대해서 할아버지에게 소원을 들어 주는 __________을/를 선물했다.	할아버지가 부자가 되었다는 소문을 듣고 강 건너 마을 욕심쟁이 할머니가 할아버지의 __________을/를 훔쳐갔다.	개와 고양이는 욕심쟁이 할머니의 집에 가서 구슬을 할머니 몰래 가지고 나왔다.

5) 강	6) 강가	7) 할아버지 집	
개는 ______에 구슬을 물고 ______에 고양이를 태우고 강을 건너다가 구슬을 물에 빠뜨렸다.	강가에 도착한 후 ______는 집으로 바로 돌아갔고 ______는 계속 강가에서 구슬을 찾을 방법을 생각했다.	______는 구슬을 찾아서 집으로 돌아왔고 그때부터 ______는 할아버지와 함께 집에서 ______는 ______에서 지내게 되었다.	

★ 이야기에 나온 표현들을 공부해 봅시다.

통 -았/었/였다가

01 앞의 행동이 완전히 끝난 후 그것과 반대되는 행동을 하는 상황을 표현할 때 사용합니다.

> 예 집 앞에 친구가 와서 잠깐 **나갔다가** (집에) 들어왔다.
>
> 방 안 공기가 좋지 않아서 창문을 **열었다가** 닫았다.

02 앞의 행동이 끝난 후 예상하지 못한 일이 뒤에 발생하게 된 상황을 표현할 때 사용합니다.

> 예 명동에 **갔다가** 우연히 유명한 가수를 만났다.
>
> 우유가 상한 줄 모르고 **마셨다가** 배탈이 났다.

통 -(으)ㄹ까 봐(서)

앞의 상황이 일어날 것을 걱정하여 뒤의 행동을 함을 나타낼 때 사용합니다.

> 예 차가 **막힐까 봐서** 집에서 조금 일찍 출발했다.
>
> 나는 살이 **찔까 봐** 저녁은 먹지 않는다.

동 –(으)ㄴ/는 채(로)

앞의 행동이 완전히 끝나지 않은 상태를 유지하면서 이어서 다른 행동을 계속하는 상황을 표현할 때 사용합니다.

> 예 창문을 **열어 둔 채로** 잠을 자서 감기에 걸렸다.
>
> 너무 피곤해서 **씻지 않은 채로** 잠을 잤다.

동 –기만 하면

앞의 행동을 할 때마다 같은 행동이나 결과가 나타나는 상황을 표현할 때 사용합니다.

> 예 비가 **오기만 하면** 예전에 다쳤던 다리가 아프다.
>
> 요즘 무언가 **먹기만 하면** 배가 아파서 내일 병원에 가 보려고 한다.

견원지간(犬猿之間)

개와 원숭이 사이처럼 서로 사이가 아주 좋지 않다는 말입니다.

> 예　두 형제는 **견원지간**이라 만나기만 하면 서로 싸운다.

수어지교(水魚之交)

견원지간과는 반대로 물과 물고기처럼 서로 사이가 아주 좋다는 말입니다.

> 예　가: 연숙 씨와 유라 씨는 매일 같이 다니네. 정말 친한가 봐.
>
> 　　나: 응, 두 사람은 어렸을 때부터 같은 동네에서 자라서 정말 친하대. 두 사람과
> 　　　　같은 사이를 '**수어지교**'라고 해.

충성심이 강하고 용감한 한국의 전통 개

전통적으로 한국에서 '개'는 주인에 대한 충성심과 집을 지키는 수호자를 상징한다. 한국을 대표하는 전통 개에는 '진돗개'와 '삽살개'가 있다. '진돗개'와 '삽살개'는 각각 천연기념물 제 53호, 제 368호로 지정되어 있다.

'진돗개'는 주인에 대한 충성심이 강하고 집을 잘 지키는 것으로 알려져 있다. 그리고 아무리 집에서 먼 곳에 데려다 놓아도 다시 집을 찾아올 수 있을 정도로 집과 주인에게 돌아오려고 하는 의지가 강하다. 또한 아주 용감해서 자신보다 큰 동물을 만나도 절대로 무서워하지 않고 끝까지 싸운다. 그래서 과거에는 사냥을 목적으로 기르기도 했다.

'삽살개'는 귀신이나 나쁜 기운을 없애는 개로 잘 알려져 있다. 즉, 귀신을 쫓을 수 있을 정도로 다른 동물에 비해서 용감하고 강하다는 뜻이다. 하지만 주인에게는 정이 많고 충성스럽다. '삽살개'의 충성심은 고려시대 마지막 왕인 '공명왕'을 끝까지 지키려다가 죽은 옛 이야기를 통해서도 알 수 있다.

진돗개

삽살개

돼지의 쿄

01 닭의 빨간 머리를 '닭의 볏'이라고 합니다. 하지만 대부분의 한국 사람들은 이 것을 '닭의 벼슬'이라고 하는데 '벼슬'의 의미를 알고 있습니까?

02 여러분 나라에서 돼지, 닭, 개는 어떤 이미지를 갖고 있습니까?

1 옛날에 하늘에는 많은 동물들이 살고 있었다. 그 중에는 '다리가 세 개인 개'와 '머리카락이 없는 닭', '코끼리처럼 길고 아름다운 코를 가진 돼지'도 있었다. 하늘 아래의 세상에는 사람만 살고 있었는데 동물들은 사람들이 행복하게 사는 모습을 보고 세상에 내려가서 사람들과 함께 살고 싶어졌다.

2 그래서 개와 닭, 돼지는 하늘의 신을 찾아가서 이렇게 말했다.

"저희들은 하늘 아래 세상에 내려가서 사람들과 함께 살고 싶습니다."

이 말을 들은 신은 "1년 동안 세상에 내려가서 사람들을 돕고 착한 일을

많이 하고 돌아와라. 착한 일을 많이 하고 온 동물만 사람과 함께 살게 해
주겠다."라고 말했다.

그때부터 동물들은 자신들이 사람들을 위해 해 줄 수 있는 일을 생각하
기 시작했고, 신은 개와 닭, 돼지를 세상에 보냈다.

3 사람들이 사는 세상에 내려간 개는 사람들이 일을 하러 나가거나 잠을
잘 때 도둑이나 낯선 사람들로부터 집과 생명, 재산을 지켜 주었다. 뿐만
아니라 사람들이 우울해하거나 외로워할 때 친구가 되어 위로해 주었다.
사람들은 이렇게 착하고 충성스러운 개를 좋아했다.

부지런하고 목소리가 큰 닭은 사람들이 일어나기도 전에 아침 일찍 일어
나서 큰 목소리로 사람들을 깨웠다. 또 사람들이 먹을 수 있도록 매일 알을
낳아서 주었기 때문에 사람들은 닭에게 고마워했다.

그러나 게으르고 일하는 것을 싫어하는 돼지는 사람들을 돕기는커녕 사
람보다 늦게 일어나고 하루 종일 먹기만 했다. 매일 먹기만 하고 거의 움직
이지 않은 돼지는 점점 뚱뚱해졌다. 그런 돼지를 사람들이 좋아할 리가 없
었다.

- **신** god, 神様, 神
- **코끼리** elephant, 象, 象
- **낯설다** to be unfamiliar, 見慣れない, 陌生
- **생명** life, 生命, 生命
- **재산** property, 財産, 财产

- **지키다** to protect, 守る, 看守
- **우울하다** to be depressed, 憂鬱だ, 忧郁
- **위로하다** to console, なぐさめる, 安慰
- **알** egg, 卵, 蛋
- **충성스럽다** to be faithful, 忠義だ, 忠诚

4 1년 후, 개와 닭, 돼지는 다시 하늘로 돌아갔다. 신은 동물들에게 사람들을 위해 무슨 일을 했는지 물어보았다.

개가 말했다.

"저는 사람들의 재산과 생명을 지키기 위해 밤새도록 자지 않고 낯선 사람이 나타나면 큰 소리로 '멍멍' 짖었습니다."

닭도 자랑스럽게 앞으로 나서며 말했다.

"저는 사람들이 늦잠을 자지 않도록 새벽마다 '꼬끼오'하고 소리쳤습니다. 그리고 사람들을 위해 알도 주었습니다."

마지막으로 신이 돼지에게 물어보았다.

"저는……. 저는……."

돼지는 하루 종일 쿨쿨 잠을 자거나 먹기만 하고 사람들을 위해서 한 일이 없었기 때문에 신의 물음에 대답을 할 수 없었다.

멍멍 ☑

개가 크게 짖는 소리

꼬끼오 ☑

수탉이 우는 소리

쿨쿨 ☑

깊이 자면서 숨을 크게 쉬는 소리나 모양

5 이 이야기를 모두 들은 신은 먼저 개와 닭에게 이렇게 말했다.

"사람들을 돕고 착한 일을 많이 한 개에게는 상으로 다리를 하나 더 주겠다. 이제 세상에 내려가서 사람들과 살아라. 닭아, 너는 태양이 뜨기 전에 사람들을 깨우는 좋은 일을 했으니 하늘의 높은 벼슬을 한다는 뜻으로 태양처럼 빨간 모자를 주겠다. 개와 함께 세상에 내려가라."

마지막으로 남은 돼지는 사람들을 위해 해 준 일은 없지만 세상에 내려가서 사람들과 살고 싶었다. 그래서 신에게 앞으로 사람들을 위해 착한 일을 열심히 하겠다면서 제발 사람들이 사는 세상에 내려가게 해 달라고 빌었다. 이 모습을 본 신은 "좋다. 사람들 세상에 내려가는 대신에 길고 아름다운 코를 잘라서 벌을 줄 것이다. 앞으로 세상에 내려가서 사람들을 위해 열심히 살아라."라고 말하고 길고 아름다운 코를 자른 후 돼지를 세상에 보냈다.

6 지금도 개는 친근하고 충성스러운 애완동물로 사람들의 사랑을 받고 있는데 그때 신에게 선물로 받은 다리를 소중하게 여겨서 화장실에 갈 때에도 그 다리에 더러운 것이 묻지 않도록 조심했다.

새벽이 되면 사람보다 일찍 일어나고 날마다 알을 낳아 사람에게 도움을 주는 닭도 그때부터 세상에 내려와서 사람들과 가장 가까운 곳에서 살게 되었다. 그때 닭에게는 빨간 볏이 생겼는데 이것을 신이 준 벼슬이라고 해서 사람들이 '닭벼슬'이라고 부르게 되었다고 한다.

코가 잘린 돼지는 게으른 성격 때문에 몸에서 냄새도 나고 아름답지 않았기 때문에 사람들이 싫어했다. 그래서 개와 닭처럼 사람과 가까운 곳에 살 수 없게 되었다고 한다.

새단어

- **짖다** to bark, 吠える, 吠
- **벼슬** government post(position), 官職, 官职
- **빌다** to beg (for), apologize, 謝る, 乞求
- **볏** comb, とさか, 鸡冠
- **상** award, prize, 賞, 奖励
- **벌** punishment, 罰, 惩罚
- **나서다** to step forward, 乗り出す, 站出来

- **소리치다** to shout, 叫ぶ, 号叫
- **태양** the sun, 太陽, 太阳
- **뜨다** to rise, 昇る, 升起
- **여기다** to regard, 思う, 认为
- **묻다** to be stained with, 問う, 沾上
- **친근하다** to be familiar, 仲が非常に親しいこと, 親近

01　단어 이해하기

1 다음 단어와 의미를 바르게 연결하십시오.

1) 낯설다　　•　　　　•　㉮ 자신의 것을 잃지 않도록 보호하는 일

2) 지키다　　•　　　　•　㉯ 전에 본 기억이 없어서 익숙하지 않음.

3) 짖다　　　•　　　　•　㉰ 걱정스럽거나 답답해서 활발하지 않은 상태

4) 빌다　　　•　　　　•　㉱ 개가 큰 소리를 내는 일

5) 우울하다 •　　　　•　㉲ 원하는 일을 얻게 해 달라고 부탁하는 일

02　내용 이해하기

1 이야기를 읽고 맞으면 O, 틀리면 X 하십시오.

1) 1년 동안 사람들을 지켜 준 개는 신에게 선물을 받았다.　　（　　）

2) 닭은 사람들을 돕기 위해 밤새도록 자지 않았다.　　（　　）

3) 돼지는 자주 씻지 않고 더러웠기 때문에 벌을 받았다.　　（　　）

4) 개와 닭, 돼지 모두 세상에 내려가서 살 수 있었다.　　（　　）

2 이 이야기의 내용을 <u>잘못</u> 이해한 사람은 누구입니까?

① 마이클: "착한 일을 많이 하면 좋은 일이 생긴다는 교훈을 얻었어."

② 제　인: "한국 사람들은 돼지처럼 많이 먹는 동물을 싫어하는 것 같아."

③ 셀　리: "이제 개들이 다리를 들고 오줌을 싸는 이유를 이해할 수 있어."

④ 케　빈: "한국 사람들은 부지런하고 성실한 개나 닭과 같은 동물을 선호하는 것 같아."

이야기 돌아보기

1 다음은 이야기를 정리한 것입니다. 이야기의 순서를 생각하면서 일어난 일을 정리해 보십시오.

(①) 옛날에 하늘에는 동물들이 살고 있었고, 사람들은 하늘 아래의 세상에 살고 있었다.

( ) 착한 일을 많이 한 개와 닭은 상을 받고 하늘 아래 세상에 내려가서 사람들과 함께 살 수 있었지만 돼지는 벌을 받아서 코가 짧아진 채로 세상에 내려가서 살게 되었다.

( ) 세상에 내려간 개와 닭은 1년 동안 사람들을 도우며 살았다. 그러나 돼지는 사람을 도울 생각은 하지 않고 매일 먹고 잠만 잤다.

( ) 하늘에 사는 동물 중에서 개와 닭, 돼지는 사람들이 사는 세상에 내려가고 싶어 했다.

( ) 1년 후, 동물들은 하늘 세상으로 다시 돌아왔고 신은 동물들에게 사람들을 위해 어떤 일을 했는지 물어보았다.

( ) 신은 동물들의 부탁을 듣고 1년 동안 사람들을 위해 좋은 일을 많이 하면 사람들과 함께 살게 해 주겠다고 약속했다.

(⑦) 사람들과 살게 된 개는 신이 준 소중한 다리에 더러운 것이 묻지 않도록 조심했다.

이야기로 공부하기

★ 이야기에 나온 표현들을 공부해 봅시다.

동 형 **-기는커녕,** 명 **은/는커녕**

---

01 앞의 상황은 말할 필요도 없고 뒤의 상황도 일어나기 어려울 때 사용합니다.

뒤의 상황은 보통 기본적이고 쉬운 상황이고, 뒤의 문장에는 주로 부정 표현이 옵니다.

> 예 늦게 일어나서 **아침은커녕** 물도 한 잔 못 마시고 나왔어.
>
> 가: 숙제 다 했어?
>
> 나: 아니, 숙제를 다 **하기는커녕** 시작도 못 했어.

02 기대한 것과 다른 것을 나타낼 때 사용합니다.

> 예 약속 시간에 늦은 내 친구는 **사과하기는커녕** 늦은 이유를 말하지도 않았다.
>
> 오랜만에 만난 친구는 나를 **반가워하기는커녕** 오히려 모르는 척했어.

동 **-기만 하다**

어떤 한 가지 행동만을 계속할 때 사용합니다.

> 예 동생은 시험 기간인데 **놀기만 한다.**
>
> 연숙이는 주말에 집안일은 하지 않고 **자기만 한다.**

동 −도록

01 어떤 시간이 될 때까지의 의미를 나타냅니다.

> 예 **밤새도록** 발표준비를 하느라고 늦게 잤어요.
>
> 우리 언니는 40살이 **되도록** 결혼을 하지 않았다.

02 앞의 행동이 목적이나 이유가 되어 뒤의 결과가 나올 때 사용합니다.

'−게'와 바꾸어서 쓸 수 있습니다.

> 예 **체하지 않도록** 천천히 드세요.
>
> 직원들이 **쉴 수 있도록** 휴게실을 만들었어요.

동 −ㄴ/는다면서, 형 −다면서

앞의 내용과 같이 말하면서 뒤의 내용을 함께 말하거나 행동할 때 사용합니다.

'−다고 하면서'가 줄어든 말입니다.

> 예 동생은 공포 영화를 보고 **무섭다면서** 같이 자자고 했다.
>
> 연숙이는 수업이 끝나자마자 도서관에 **간다면서** 나갔다.

콩 심은 데 콩 나고 팥 심은 데 팥 난다.

모든 일은 원인에 따라 결과가 생긴다는 의미입니다.

> 예　가: 누나는 1등을 해서 부모님께 칭찬을 받았는데 나는 성적이 안 좋아서 혼났어.
>
> 　　나: '**콩 심은 데 콩 나고 팥 심은 데 팥 난다**'고 하잖아. 누나는 열심히 공부했지만 너는 이번 시험 준비를 하나도 안 했으니까 당연한 결과야.

자업자득(自業自得)

자기가 한 일의 결과는 결국 자기 자신에게 돌아온다는 의미입니다.

> 예　가: 그 소식 들었어요? 민우 씨가 사기를 당했대요.
>
> 　　나: 어머! 정말이에요? 으휴. 날마다 다른 사람들을 속이더니 결국 자신도 다른 사람에게 속았군요. 자신이 한 일을 그대로 당했으니 **자업자득**이네요.

한국의 옛날이야기 속 동물의 이미지

　나라마다 그 나라 사람들이 좋아해서 키우고 싶어 하는 동물도 있고 싫어하거나 피하는 동물도 있다. 우리가 읽은 '돼지의 코'에 대한 이야기 외에도 동물에 대한 다양하고 재미있는 이야기들을 통해서 동물에 대한 한국인의 생각을 살펴볼 수 있다.

이야기 제목	동물	의미
〈흥부놀부〉	제비	한국에서 제비는 인간 세상에 내려온 신의 도우미라는 의미가 있는데 〈흥부놀부〉의 이야기 속에서도 확인해 볼 수 있다.
〈견우와 직녀〉	까치	이야기에서 나온 것처럼 한국 사람들은 까치가 헤어진 사람들을 다시 만나게 해 주고 아침에 까치가 우는 소리를 들으면 좋은 소식을 듣거나 반가운 손님이 온다고 믿는다.
〈선녀와 나뭇꾼〉	사슴	이 이야기에서 사슴은 목숨을 구해 준 나무꾼의 도움에 보답하기 위해 선녀를 만나게 해 주고 하늘에 가는 방법을 소개해 주는 동물로 나온다. 이렇게 사슴은 은혜를 소중하게 생각하고 약속을 꼭 지키는 동물이다.
〈토끼와 자라〉	토기	이 이야기에서 토끼는 어려운 상황을 지혜롭게 잘 해결하는 똑똑한 동물이다.
기타	소	자신의 일을 성실하게 끝까지 하는 사람을 소에 비유하기도 한다.
	여우	영리하고 꾀가 많은 동물로 이야기 속에서 많이 나온다.

견우와 직녀

 문 열기

01 사랑하는 사람과 일 년에 한 번밖에 만나지 못한다면 여러분은 사랑하는 사람을 만나는 날 무엇을 하고 싶습니까?

02 여러분의 나라에서 '사랑'을 주제로 한 가장 유명한 이야기는 무엇입니까? 주인공들에게는 어떤 사연이 있습니까?

1 옛날 아주 오랜 옛날, 하늘나라에 직녀라는 아름다운 아가씨가 살고 있었다. 직녀는 하늘나라 왕인 옥황상제의 딸인데 아름답고 착한 데다 베를 짜는 솜씨까지 뛰어나서 많은 사람들의 사랑을 받았다.

한편 하늘나라에는 견우라는 멋진 남자도 살고 있었는데 견우는 소를 키우고, 돌보는 사람이었다. 견우는 하늘나라의 다른 누구보다 소를 잘 다루었고, 성실할 뿐만 아니라 잘생긴 남자였다.

2 어느 날, 아름다운 직녀가 방에 앉아 옷을 만들고 있었다. 길을 가다가 우연히 직녀를 본 견우는 아름다운 직녀의 모습에 첫눈에 반해 버렸다.

첫눈에 반하다 ☑

처음 보자마자
사랑에 빠짐.

"옷을 만드는 모습이 정말 아름답습니다!"

견우는 직녀에게 말을 걸었고 멋진 견우의 모습을 본 직녀도 견우를 사랑하게 되었다.

사랑에 빠진 두 사람은 그 후 날마다 만나 하루 종일 함께 시간을 보냈다.

3 언제나 열심히 일을 했던 견우는 소를 키우는 일은 뒷전으로 미룬 채 직녀 생각만 했다.

직녀 역시 견우 생각만 하느라 다른 일은 하지 못할 정도가 되었다.

옥황상제가 이 사실을 알게 되었고 옥황상제는 불 같이 화를 내며 말했다.

"직녀가 노느라고 베를 짜지 않는다고? 게다가 신분이 다른 사람과 사랑하게 되었다고? 이런! 안 되겠군. 직녀를 하늘나라 끝에 있는 섬에 보내도록 해라. 그리고 견우는 그 반대편 섬으로 보내서 둘이 더 이상 만나지 못하게 해라! 내가 허락하지 않는 한 두 사람은 절대 만날 수 없을 것이다!"

4 하늘나라 끝에 있는 섬에서 반대쪽까지의 거리는 매우 멀어서 쉽게 오고 갈 수 없었다.

견우와 직녀는 옥황상제께 용서해 달라고 빌었지만 이미 소용없는 일이었다.

"더 이상 용서해 달라고 말하지 맙시다. 이제는 말해 봤자 소용이 없는 일인 것 같아요. 직녀! 건강하게 잘 지내요!! 정말 사랑합니다. 눈에서 멀어지면 마음도 멀어지게 마련이라고 하지만 저는 절대 직녀를 잊지 않을 거예요."

견우는 이렇게 말하고 떠났고, 직녀 역시 눈물을 흘리며 하늘나라 끝에 있는 섬으로 떠났다.

5 두 사람은 먼 곳에서 자신의 일을 하며 하루하루를 보냈지만 서로를 향한 그리움은 점점 더 커졌다.

'직녀님! 죽을 만큼 보고 싶어요. 직녀님은 견딜 만한가요? 저는 견딜 수 없네요.'

'견우님! 보고 싶어요. 보고 싶어서 아무 것도 할 수 없을 정도예요.'

새단어

- **베** hemp, 麻, 布
- **짜다** to weave, 織る, 织(布)
- **다루다** to deal with, 扱う, 驯
- **신분** position, 身分, 身份
- **뒷전** aside, あとまわし, 后面

- **게다가** besides, それに, 而且
- **우연히** accidentally, ぐうぜんに, 偶然
- **미루다** to postpone, (後日に) ゆずる, 拖延
- **소용없다** no good, 無駄だ, 没有用

시름시름 ☑

병이 더 심해지지도 않고, 낫지도 않으면서 오랫동안 아픈 모양

두 사람은 서로를 그리워하다가 해야 할 일을 못하는 경우도 생기게 되었다.

게다가 직녀는 밥도 먹지 않고 며칠을 보내기까지 하였다. 견우는 그리움에 마음의 병에 걸려 시름시름 앓기까지 했다.

6 두 사람에 대한 안타까운 이야기를 들은 옥황상제는 고개를 절레절레 흔들며 한숨을 '후' 쉬고 이렇게 말했다.

절레절레 ☑

머리를 오른쪽, 왼쪽으로 흔드는 모습

"좋다. 두 사람이 많이 힘들어하니 일 년에 한 번은 만날 수 있도록 해 주겠다. 그러나 서로 가까이에서 만나게 해 줄 수는 없다. 멀리서 서로의 얼굴만 볼 수 있게 해라."

견우와 직녀는 일 년에 단 하루, 7월 7일에만 만날 수 있었다. 견우와 직녀는 일 년 동안 서로를 그리워하며 만날 날을 목이 빠지게 기다렸다. 그리고 7월 7일에 만나면 두 사람은 멀리서 서로 바라보며 눈물만 흘릴 뿐이었다. 하늘나라에서 두 사람이 흘리는 눈물 때문에 땅에는 비가 내려 홍수가 날 정도였다.

후 ☑

일이 힘들어서 크고 길게 한숨을 쉬는 소리

매년 생기는 홍수 때문에 견딜 수 없게 된 동물들은 모여서 회의를 했다.

"일 년에 한 번 이상하게 비가 많이 오네요. 이렇게 비가 오면 땅이 물로 가득해지고 우리도 모두 죽을지도 몰라요. 빨리 대책을 세웁시다."

목이 빠지게 기다리다 ☑

목이 빠질 정도로 매우 안타깝게 기다림.

"제가 하늘나라에서 들었는데 이 모든 일이 견우와 직녀 때문이래요. 우리 까치들이 견우와 직녀가 만날 때 좀 더 가까이에서 볼 수 있도록 다리를 만들어 줍시다."

"좋은 생각이네요. 우리 까마귀들도 돕겠습니다."

7 까마귀와 까치는 일 년에 한 번 견우와 직녀가 만날 때 다리가 되어 주었다.

"까마귀야, 까치야, 정말 고마워. 너희들 덕분에 우리가 다시 만날 수 있게 되었어."

가까이에서 잠깐이라도 만날 수 있게 된 두 사람은 행복해했다. 그래서 잠시 동안 눈물을 흘리지 않았지만, 헤어질 시간이 되면 1년 후에 만날 수 있다는 사실에 눈물을 흘렸다.

이후 매년 음력 7월 7일에는 두 사람이 만나 흘리는 눈물로 땅에는 비가 내리고, 두 사람의 다리가 되어 준 까마귀와 까치는 견우와 직녀의 발에 밟혀 그때가 되면 머리털이 조금씩 빠진다고 한다.

사람들은 음력 7월 7일, 견우와 직녀가 만나는 날을 '칠석'이라고 부르고 까마귀와 까치가 만든 다리는 '오작교'라고 부르게 되었다.

새단어

- **앓다** to suffer, 病む, 得(病)
- **그리움** longing, 懐かしさ, 怀念
- **한숨** sigh, ため息, 一口气
- **대책** measure, 対策, 对策
- **빠지다** to fall into, 落ちる/嵌まる, 脱落
- **밟히다** to be stepped on, 踏まれる, 踩

01　단어 이해하기

1　다음 단어와 의미를 바르게 연결하십시오.

1) 뒷전　　　　　　　　　　㉮ 병에 걸려 고통을 겪음.

2) 다루다　　　　　　　　　㉯ 일을 잘 처리하거나 동물이 사람의 말을 잘 듣게 함.

3) 앓다　　　　　　　　　　㉰ 걱정이 있을 때 길게 쉬는 숨

4) 한숨　　　　　　　　　　㉱ 어떤 일의 첫 번째가 아니라 나중의 차례

02　내용 이해하기

1　다음의 내용이 맞으면 O, 틀리면 X 하십시오.

1) 견우와 직녀는 신분은 달랐지만 서로 사랑하게 되었다.　　　　　　　　(　)

2) 견우와 직녀는 처음부터 일 년에 한 번 만날 수 있었다.　　　　　　　　(　)

3) 7월 7일에는 까마귀와 까치가 흘리는 눈물 때문에 비가 내린다고 한다.　(　)

2　다음 중 '견우와 직녀'에게 할 수 있는 조언으로 알맞은 것을 고르십시오.

① "시간이 지나면 다 잊게 마련이에요. 좋은 사람을 만날 수 있을 거예요."

② "누구나 사랑하는 사람이 가장 예쁘게 보이는 법이에요. 직녀에 대해 다시 생각해 보세요."

③ "지금이라도 아버지께 다시 한번 말씀드리고 두 사람의 사랑을 인정받도록 노력해 보는 게 어때요?"

④ "우물 안 개구리처럼 살지 말고 세상을 좀 더 알기 위해서 다른 곳에 가는 것도 좋을 거예요. 긍정적으로 생각하세요."

이야기 돌아보기

1 일 년에 한 번 만나게 된 견우와 직녀. 그 이후 어떻게 되었을까요? 여러분의 생각대로 이야기의 마지막을 바꾸어 써 봅시다.

★ 이야기에 나온 표현들을 공부해 봅시다.

동형 -(으)ㄴ/는 데다(가)

앞에 내용에 뒤에 내용이 더 있다는 것을 의미합니다.
'-(으)ㄹ 뿐만 아니라'와 의미가 비슷합니다.

> 예 비가 많이 **오는 데다가** 바람까지 불어서 여행을 가기에는 좋지 않은 날씨네요.
>
> 내 동생은 **예쁜 데다가** 공부도 잘해서 친구들에게 인기가 많아요.

동 -아/어/여 봤자

앞의 내용을 해도 소용이 없다는 의미가 있습니다.
뒤에는 주로 추측을 나타내는 표현과 같이 씁니다.

> 예 아버지께서는 엄격하시니까 혼자 여행을 간다고 **말씀 드려 봤자** 허락하지 않으실 거야.
>
> 벌써 7시네요. 7시 30분 공연이니까 지금 **가 봤자** 공연장에 들어갈 수 없을 거예요.

동형 –게 마련이다

'–게 마련이다' 앞에 나오는 내용이 '당연하다, 일반적으로 그렇다'는 의미가 있습니다.
'–기 마련이다'의 형태로 쓰기도 합니다.

> 예 아무리 예쁜 사람도 늙으면 주름이 **생기게 마련이다**.
>
> 제 눈에 안경이라고 자기 애인은 다 예뻐 **보이게 마련이지요**.

동형 –(으)ㄹ 만하다

앞에 나오는 내용 정도의 가치가 있다는 의미가 있습니다.

> 예 외국인들은 한국에서 꼭 **가볼 만한** 곳으로 제주도를 꼽았다.
>
> 이 식당의 음식은 아주 맛있지는 않지만 그래도 **먹을 만해서** 가끔 오는 편이에요.

까마귀도 칠월 칠석은 안 잊어버린다.

중요한 사실이나 날짜는 잊지 말라는 의미입니다.

예 가: 어제가 미국에 계신 어머니 생신이었는데 깜빡 잊어버렸어요. 어떻게 하지요?
나: **까마귀도 칠월 칠석은 안 잊어버린다고 하는데**……. 지금 전화라도 드리세요.

삼 년 가뭄에는 살아도 석 달 장마에는 못 산다.

가뭄의 피해보다 장마 피해가 더 무섭다는 의미입니다.

예 가: **삼 년 가뭄에는 살아도 석 달 장마에는 못 산다고** 하더니 정말 며칠 동안 내린 비로 홍수가 나서 많은 피해가 있었다고 해요.
나: 네, 장마 피해가 심해져서 정말 걱정이네요.

견우, 직녀와 칠석날

중국에서 한국으로 전해진 이야기로 알려진 견우와 직녀 이야기는 일본의 나라 시대에 일본에도 전해졌다. 일본에서는 7월 7일을 '타나바다'라고 하고, 축제를 한다. 각 나라의 견우와 직녀 이야기는 약간의 차이가 있는데 중국의 이야기에는 직녀가 하늘의 강을 건너고, 까치 다리를 건넌다고 되어 있다.

또한 견우와 직녀 이야기에는 농사를 짓는 문화가 담겨 있다. 옛날부터 농사를 지으며 생활했던 한국에서는 견우와 직녀가 칠석날을 기다리며 자신이 맡은 일을 열심히 했던 것처럼 칠석날을 기다리며 농사를 열심히 지었다. 그리고 칠석날이 되면 제사를 지내고 축제를 하면서 그 날을 즐겼다고 한다. 지금도 칠석날이 되면 '견우직녀 축제'를 하면서 그날을 즐기고 있다.

아사달과 아사녀

- 그림자가 없는 탑 -

문 열기

01 여러분은 사랑하는 사람을 혼자 두고 일을 하거나 유학을 하기 위해 멀리 떨어진 곳에 갈 수 있습니까?

02 여러분은 사랑하는 사람이 멀리 떠났을 때 얼마나 오랫동안 기다릴 수 있습니까?

1 통일신라 시대에 경덕왕은 '불국사'를 수리하면서 다시 지을 때 절 안에 탑을 하나 세우고 싶었다. 그래서 당시 가장 뛰어나다고 소문난 석공인 아사달을 데리고 와서 탑을 만들게 했다. 아사달의 가족은 전라도 지방에서 살았고 아사달은 혼자 고향에서 멀리 떨어진 경상북도 지방의 경주까지 와서 일을 해야 했다. 아사달은 탑을 빨리 만들면 고향에서 자신을 기다리는 가족에게 빨리 돌아갈 수 있다는 생각으로 열심히 일했다.

고향에 있는 아내 아사녀도 아사달이 그리워서 학수고대하며 기다렸다.

학수고대 ☑

학처럼 목을 길게 빼고 기다린다는 뜻으로 몹시 기다림.

2 그러는 동안 몇 년이 흘렀지만 아사달이 돌아오지 않자 아사녀는 가족의 소식을 전할 겸 남편도 만날 겸해서 경주 불국사에 찾아왔다. 그리고 눈물을 글썽글썽하며 말했다.

글썽글썽 ☑

눈에 눈물이 넘칠 것처럼 가득 찬 모양

"여기에서 제 남편이 탑을 만들고 있어요. 이름은 아사달이라고 합니다. 남편을 좀 만나게 해 주세요."

"미안하지만 탑이 완성되기 전까지 탑을 만드는 석공은 여자를 만날 수 없어요. 이것은 금기이기 때문에 절대로 부탁을 들어줄 수 없어요. 돌아가서 탑이 완성될 때까지 기다리세요. 탑이 완성되는 대로 아사달에게 아내가 왔다고 소식을 전할게요."

결국 아사녀는 아사달을 만나지 못했다. 그러나 남편을 만나기 위해 먼 길을 온 아사녀는 쉽게 포기할 수 없었고 남편의 그림자라도 보기 위해 날마다 절 앞에 찾아갔다. 이를 본 절의 스님은 아사녀를 포기시키기 위해 거짓말을 할 수밖에 없었다.

"절에서 가까운 곳에 연못이 하나 있어요. 그곳에 가서 기다리세요. 탑이 완성되면 그 연못에 탑의 그림자가 비칠 거예요. 탑의 그림자가 비치면 곧 남편을 만날 수 있을 거예요."

3 다음 날부터 아사녀는 하루 종일 연못을 바라보며 탑의 그림자가 비치기만을 기다렸다. 그러나 아무리 기다려도 탑의 그림자는 나타나지 않았다. 절과 조금 떨어진 연못에 탑의 그림자가 비칠 리 없었다. 시간이 지날수록 아사달에 대한 그리움은 커져만 갔고 기다리다가 지친 아사녀는 고향에 돌아갈 힘도 없이 병이 들었다. 그리고 결국 아사녀는 연못에 스스로 몸을 던져 죽고 말았다.

새단어

- **절** temple, お寺, 寺院
- **통일 신라** unified Shilla, 統一新羅, 统一新罗时期
- **책임자** the person in charge, 責任者, 负责人
- **당시** at that time, 当時, 当时
- **뛰어나다** to be outstanding, 優れる, 卓越
- **석공** stonemason, 石工, 石工
- **탑** towel, 塔, 塔
- **떨어지다** to be seperate, 離れる, 分离
- **금기** taboo, 禁忌, 禁忌
- **포기하다** to give up, 諦める, 放弃
- **그림자** shadow, 影, 影子
- **스님** Buddhist monk, 僧, 僧人
- **거짓말** lie, 嘘, 谎言
- **연못** pond, 池, 荷花池

4 얼마 후, 아사달은 탑을 완성했고, 아내가 연못 근처에서 기다린다는 소식을 듣고 아내를 만나기 위해 허겁지겁 연못으로 달려갔다. 그리고 연못 근처의 마을을 모두 돌아다니며 아사녀를 찾았다.

"혹시 내 아내를 보지 못 했어요? 제 아내의 이름은 아사녀라고 해요."

그렇게 아내를 찾아다니던 아사달은 아내가 자신을 기다리다가 마음의 병이 생겨 스스로 연못에 몸을 던져 죽었다는 소식을 들었다. 아사달은 깊은 슬픔에 빠졌고 날마다 아내가 죽은 연못에 가서 울었다.

허겁지겁 ☑

조급한 마음으로 어찌할 줄 몰라서 급하게 서두르는 모양

5 어느 날 아사달이 연못에서 울고 있는데 연못 옆의 바위에 아내의 웃는 모습이 보였다.

"여보! 아사녀! 아사녀!"

아내의 이름을 외치며 달려가 봤지만 곧 아내의 모습은 사라지고 없었다. 실망하고 돌아가려는 아사달의 눈에 다시 아내의 모습이 보였다. 그러나 아내의 모습은 또 다시 사라졌다.

"아내가 이곳에서 나를 그리워하다가 죽었구나. 죽은 후에도 내가 그리워서 떠나지 못하는 거야. 나를 기다린 이곳에 아내의 모습을 남겨서 사람들이 영원히 아사녀를 기억하도록 해야겠어."

아사달은 슬퍼하며 그 바위에 아사녀의 모습을 조각하기 시작했다. 아사달은 조각을 마친 후에도 아사녀를 향한 그리움을 견디지 못해 연못 근처에서 우는 날이 많았다. 얼마 후 결국 아사달도 연못에서 목숨을 끊었다.

목숨을 끊다 ☑

스스로 죽거나 남을 죽임.

6 아사달과 아사녀가 서로를 그리워하다가 죽은 그 연못을 사람들은 '그림자가 비치는 연못'이라고 하는 의미로 '영지(影池)'라고 불렀다. 또한 아사달이 만든 불국사의 '석가탑'은 그림자가 연못에 비치지 않았다고 해서 '그림자가 없는 탑'이라는 의미의 '무영탑'으로 부르게 되었다.

새단어

- **바위** rock, 岩, 岩石
- **사라지다** to disappear, 消える, 消失
- **실망하다** to be disappointed, 失望する, 失望
- **남기다** to leave, 残す, 留下
- **영원히** forever, 永遠に, 永远
- **조각하다** to sculpt, 彫る, 雕刻

01　단어 이해하기

1　다음 단어와 의미를 바르게 연결하십시오.

1) 뛰어나다　•　　• ㉮ 하려고 하던 일을 중간에 그만 멈춰 버리는 일.

2) 포기하다　•　　• ㉯ 이름이나 이미지 등을 다른 사람들 기억하거나 볼 수 있게 함.

3) 남기다　•　　• ㉰ 어떤 물건이나 상태가 없어짐.

4) 사라지다　•　　• ㉱ 어떤 일을 다른 사람보다 아주 잘함.

02　내용 이해하기

1　다음 단어 중에서 단어에 포함된 의미가 <u>다른</u> 것을 하나 고르십시오.

① 그림자　　　　② 영지　　　　③ 무영탑　　　　④ 연못

2　다음의 내용이 맞으면 O, 틀리면 X 하십시오.

1) 아사녀는 남편이 만나고 싶었을 뿐만 아니라 가족들의 안부도 전하기 위해 불국사에 갔다.

(　　)

2) 아사녀가 남편을 기다리던 연못은 절에서 멀리 떨어진 곳이었기 때문에 그림자가 비치
지 않았다.

(　　)

3) 아사달은 아내가 연못에서 목숨을 끊었다는 소식을 듣자마자 아내를 위해 조각을 시작했다.

(　　)

1 다음은 '아사달과 아사녀' 이야기를 정리한 것입니다. 이야기의 순서에 맞게 번호를 쓰십시오.

(①) 경주의 불국사에 탑을 만들기 위해 책임자 김대성은 전라도의 유명한 석공 아사달을 데리고 왔다.

(　) 아내를 그리워하며 연못의 바위에 아사녀의 모습을 조각한 아사달도 연못에 몸을 던져 죽었다.

(　) 포기하지 않고 날마다 절에 오는 아사녀에게 스님은 거짓말을 했고 그날부터 아사녀는 절에서 조금 떨어진 연못에서 남편을 기다리기 시작했다.

(　) 그러나 아사녀는 불국사의 탑을 만드는 석공은 여자를 만날 수 없다는 금기 때문에 남편을 만날 수 없었다.

(　) 아사달을 기다리다가 지친 아사녀는 결국 마음에 병이 생겨서 스스로 물에 들어가 죽고 말았다.

(　) 석탑을 완성한 아사달이 아내를 찾아 연못에 갔지만 아사녀는 죽고 없었다.

(　) 몇 년이 지나도 고향에 돌아오지 않는 남편을 만나기 위해 아사녀는 불국사에 갔다.

이야기로 공부하기

★ 이야기에 나온 표현들을 공부해 봅시다.

동 **-자**

앞 문장의 행동이나 상태가 계속되어서 뒤 문장의 원인이나 동기가 되었을 때 사용합니다.

> 예 동생이 12시가 넘도록 집에 **돌아오지 않자** 부모님은 경찰에 신고하셨다.
>
> 며칠 동안 폭염이 **이어지자** 선풍기나 에어컨의 구입이 늘고 있다.

동 **-(으)ㄹ 겸(해서)**

두 개 이상의 목적이 있음을 나타낼 때 사용합니다. 앞 문장이 뒤 문장의 목적이 됩니다.

> 예 책을 **읽을 겸** 커피도 **마실 겸해서** 커피숍에 갔다.
>
> 돈도 아끼고 운동도 **할 겸해서** 회사까지 걸어 다닌다.

동 −는 대로

어떤 일을 하고 바로 다른 일을 이어서 할 때 사용합니다.
주로 미래의 일에 대해 사용하는데 '−자마자'와 바꿔 쓸 수 있습니다.

> 예 **졸업하는 대로** 결혼을 할 거예요.
>
> 연숙 씨가 사무실에 **돌아오는 대로** 저에게 연락해 주세요.

(동형 −(으)면) 동형 −(으)ㄹ수록

앞 문장의 행동이나 상황이 계속되면 뒤 문장의 행동이나 상태가 점점 더해지는 것을 나타낼 때
사용합니다.

> 예 한국어 공부는 **하면 할수록** 재미있다.
>
> 물건 값이 **쌀수록** 판매율이 증가한다.

오매불망(寤寐不忘)

잘 때도 깨어 있을 때도 잊지 못함을 의미합니다.

> 예 연숙 씨는 멀리 떨어진 외국에서 살고 있지만 늘 가족이 있는 고향을 **오매불망**
> 그리워했다.

반신반의(半信半疑)

반쯤 믿으면서도 한편으로 반쯤 믿지 못하는 상태를 의미합니다.

> 예 매일 지각하는 걸로 봤을 때 내일은 늦지 않겠다는 연숙 씨의 말을 **반신반의**할
> 수밖에 없다.

그림자가 없는 탑 '석가탑'과
그림자가 비추는 연못 '영지(影池)'

불국사삼층석탑

경주 영지(影池)

경상남도 경주에 가면 이 이야기의 소재인 문화재와 이야기의 배경이 되는 장소를 직접 볼 수 있다. 석가탑은 '불국사 삼층석탑'이라고도 하는데 경주 남산에 위치한 불국사에 있고 '영지(影池)' 역시 경주에 있다. '영지(影池)'는 '그림자가 비추는 연못'이라는 뜻이다. 뿐만 아니라 아사달이 아사녀의 모습을 본 후에 만들었다고 하는 조각이 '영지(影池)'의 남쪽에 있는데 사람들은 이 조각을 '영지석불좌상'이라고 부른다. 이 이야기를 바탕으로 한국의 소설가 현진건은 역사 소설 《무영탑》을 쓰기도 했다.

백일홍

 ## 문 열기

01 사랑하는 사람과 한 약속을 지키기 위해 어떤 노력을 해 보았습니까?

02 누군가를 아주 많이 사랑해서 하루 종일 걱정하거나 불안해한 적이 있습니까?

들어가기

1 평화롭던 어느 바닷가 마을에 큰일이 생겼다.

그 마을 사람들은 보통 바다에 나가 물고기를 잡는 일을 했는데 어느 날 갑자기 파도가 높아지고 바람이 불어서 더 이상 물고기를 잡으러 바다에 나갈 수 없게 되었다.

"그 이야기 들었어요? 바다에 이무기가 나타나서 물고기를 잡으러 바다에 나간 사람들이 다 죽었대요."

"마을 사람들이 모두 그 이야기를 하더라고요. 정말 큰일이네요. 죽을지도 모르니까 물고기를 잡으러 갈 수도 없고, 이무기가 없어질 때까지 기다릴 수도 없고……."

웅성웅성 ☑

여러 사람이 모여서 시끄럽게 이야기하며 떠드는 소리나 모양

모여서 웅성웅성 이야기하며 걱정만 하던 마을 사람들은 회의를 통해 이무기를 달래기 위한 제사를 지내고 마을의 처녀를 제물로 바치기로 했다. 하지만 마을 사람들은 처녀를 제물로 바치는 것에 찬성을 하면서도 자신의 딸이나 여동생을 이무기에게 바치는 것을 원하지 않았다.

제비를 뽑다 ☑

미리 글씨를 써 놓은 종이나 물건을 뽑아서 어떤 일을 할 순서를 결정하는 일

2 그래서 어느 날 마을 처녀들이 모두 모여 직접 제비를 뽑기로 했다. 다행히 안 뽑힌 처녀들은 기쁜 마음을 감추지 못했지만 그 중에 눈물을 흘리는 한 처녀가 있었다. 바로 이무기의 제물로 뽑힌 처녀였다.

"흑흑……. 어떡하지? 가족과 이별하고 사랑하는 사람과 결혼도 못하고 나는 이제 죽게 되었구나."

그때 제비에 뽑힌 처녀를 사랑하는 청년이 말했다.

"사랑하는 당신을 이무기에게 바칠 수 없어요."

"마을의 평화를 위해 어쩔 수 없잖아요."

"걱정하지 마세요. 꼭 내가 당신을 구할 테니까요."

"안 돼요. 그러다가 당신도 죽을 수도 있어요. 저는 괜찮아요."

3 결국 처녀를 이무기에게 바치는 날이 왔다. 마을 사람들은 배에 처녀를 싣고 바다에 나가 제사를 지내고 기도했다.

"이 처녀를 제물로 드릴 테니까 마을 사람들을 보살펴 주세요."

제사가 끝나자 갑자기 큰 파도가 치더니 이무기가 불쑥 나타났고 두려움에 눈물을 꾹 참고 있는 처녀를 데리고 가려고 했다. 그때였다.

"안 돼! 거기 서라! 이 나쁜 이무기야!"

멀리 청년이 배를 타고 다가오며 외쳤다. 처녀도 깜짝 놀라서 "안 돼요!

☑ **불쑥**

갑자기 나타나거나 생기는 모양

☑ **꾹**

눈물이나 아픔, 슬픔 등을 힘들게 참는 모양

새단어

- **평화롭다** to be peaceful, 平和だ, 平和
- **마을** town, 村, 村子
- **파도** wave, 波, 波涛
- **이무기** monster serpent, 大蛇, 蟒
- **달래다** to soothe, いいすくめる, 哄
- **제사** ancestral rites, 祭祀, 祭祀
- **처녀** maiden, 未婚の女性, 処女
- **제물** sacrifice, もりもの(盛(り)物, 供品
- **바치다** to dedicate, 供える, 供奉
- **찬성** agree, 賛成, 赞成
- **제비** lot, 籤, 签

- **감추다** to hide, 隠す, 遮掩
- **평화** peace, 平和, 和平
- **기도하다** to pray, 祈る, 祈祷
- **외치다** to shout out, 叫ぶ, 呼喊
- **공격하다** to attack, 攻める, 攻击
- **예상하다** to predict, 予想する, 预想
- **칼** sword, 刀, 刀
- **찔리다** to get pricked, 刺される, 背刺
- **무사히** safely, 事もなく, 平安地
- **되찾다** to take back, 取り戻す, 找回

어서 가세요. 당신이라도 살아서 행복하게 사세요!"라고 청년에게 소리쳤지만 청년은 이무기를 공격했다.

청년의 공격을 예상하지 못한 이무기는 청년의 칼에 찔려서 피를 흘리면서 바다 속으로 사라졌다.

"와! 저기 보세요. 청년이 우리 마을과 처녀를 구했어요!"

그렇게 청년과 처녀는 무사히 마을로 돌아왔고, 그 후로 바다는 평화를 되찾았다. 그리고 두 사람은 결혼을 약속했다.

4 그러나 바닷가 마을의 평화는 오래가지 못했다. 더 강하고 무서운 이무기가 나타났기 때문이다.

마을 사람들은 다시 처녀를 뽑아 제물로 바쳐야 한다고 이야기했지만 청년은 죄 없는 처녀들이 죽는 것은 옳지 않다면서 자기가 이무기를 죽이고 오겠다고 말했다.

청년과 결혼을 약속한 처녀는 청년을 말렸다.

"이번에 나타난 이무기는 지난번 이무기보다 더 힘도 세고 무섭대요. 가지 마세요."

"걱정하지 마세요. 지난번에도 아무 일 없었으니까 이번에도 괜찮을 거예요."

"그럼 바닷가 언덕 위에서 무사히 돌아올 때까지 매일 기다리고 있을게요."

"알겠어요. 언덕 위에서 당신이 기다릴 때 잘 볼 수 있게 돛을 달겠어요. 내가 이무기를 죽이면 무사하다는 뜻으로 배에 흰색 돛을 달고 이무기를 죽이지 못하면 빨간색 돛을 달겠어요."

청년은 이렇게 약속을 하고 이무기를 죽이기 위해 바다로 떠났다.

'무사히 돌아와야 할 텐데……. 만약 당신이 살아서 돌아오지 못해서 빨간색 돛을 달고 온다면 나도 당신을 따라 죽을 거예요.'

이렇게 처녀는 청년이 무사히 돌아오기만을 기도하며 족두리를 머리에 쓰고 예쁘게 꾸민 채 날마다 바닷가 언덕 위에 올라가서 오매불망 청년을 기다렸다.

5 오랜 시간이 흘러 청년이 바다로 떠난 지 백일이 되던 날이었다. 그 날도 처녀는 언덕 위에서 청년이 탄 배를 기다리고 있었는데 멀리 배 한 척이 보였다. 청년이 타고 갔던 배였다. 처녀는 매우 기뻤지만 배가 마을에 가까워지자 너무 놀라고 말았다. 배에는 빨간색 돛이 달려 있었기 때문이다. 청년이 죽었다고 생각한 처녀는 울면서 언덕에서 뛰어내려 목숨을 끊었다. 그러나 배 안에는 청년이 타고 있었다.

새단어

- **오래가다** to last long, 長引く, 長久
- **말리다** to dissuade, やめさせる, 劝解
- **언덕** hill, 坂, 小山坡
- **돛** sail, 帆, 风帆
- **달다** to hang, 張る, 挂
- **족두리** bride's headpiece, 冠, 女视帽子
- **꾸미다** to decorate, 飾る, 打扮
- **척** unit to count a ship, 隻, 艘
- **시신** corpse, 死体, 尸体
- **송이** unit to count a flower, 輪, 朵
- **붉다** to be red, 赤い, 红
- **피다** to bloom, 咲く, (花) 开

6 마을에 돌아온 청년이 처녀를 찾았지만 처녀는 이미 죽고 없었다.

"배에 빨간색 돛이 달린 것을 보고 슬퍼하더니 바다에 몸을 던져 죽었어요."

마을 사람들의 이야기를 듣고 청년은 깊은 슬픔에 빠졌다.

'아……. 이무기와 싸우다가 약속을 잊고 돛에 이무기의 빨간 피가 묻은 것을 잊었구나. 돛을 바꿔 달았더라면 이런 일은 없었을 텐데……. 흑흑 흑…….'

후회해 봤자 소용없다고 생각한 청년은 처녀가 빠진 바닷가에서 처녀의 시신을 찾아 해가 잘 비추는 곳에 묻어 주었다.

　얼마 후 처녀의 무덤에는 꽃 한 송이가 피었다. 그 꽃은 붉은 족두리와 같은 모양을 하고 100일 동안 피었다가 졌다. 사람들은 그 꽃을 '100일 동안 피는 붉은 꽃'이라는 의미로 '백일홍'이라고 불렀고 그 꽃을 볼 때마다 100일 동안 언덕 위에서 청년을 기다리던 처녀를 생각했다.

01 단어 이해하기

1 빈 칸에 알맞은 단어를 〈보기〉에서 골라 문장을 완성하십시오.

보기			
평화롭다	달래다	바치다	달다
되찾다	말리다	감추다	꾸미다

1) 우는 아이를 ______________ 데에 과자나 사탕이 제일 효과적이다.

2) 우리 언니는 평소에는 편한 모습으로 다니지만 주말에는 화려하게 ______________ 것을 좋아한다.

3) 빗길 운전은 위험하니까 비가 그친 후에 가라고 ______________ 불구하고 연숙 씨는 가 버렸다.

4) 옛날에 한국에서는 각 지방에서 나오는 특별한 음식이나 물건을 왕에게 __________.

02 내용 이해하기

1 이야기의 순서로 맞는 것을 고르십시오.

평화로운 마을에 갑자기 이무기가 나타났다.

(가) 그러나 더 강한 이무기가 나타났고 청년은 마을을 위해 이무기를 죽이러 바다로 떠났는데 처녀는 날마다 언덕에서 청년을 기다렸다.

(나) 청년이 빨간 돛을 달고 돌아오는 모습을 본 처녀는 청년이 죽은 줄 알고 바다에 빠져 죽었다.

(다) 제사를 지내는 날, 처녀를 사랑한 청년이 제물로 뽑힌 처녀를 구했고 마을은 다시 평화로워졌다.

(라) 마을 사람들은 이무기에게 제사를 지내면서 처녀를 제물로 바치려고 했다.

마을로 돌아온 청년은 처녀가 죽은 소식을 듣고 후회했다. 그리고 처녀의 시신을 찾아 묻어 주었고 그 후에 처녀의 무덤에는 '백일홍'이 피었다.

① (라)—(다)—(나)—(가)   ② (다)—(가)—(나)—(라)   ③ (라)—(다)—(가)—(나)   ④ (다)—(나)—(가)—(라)

이야기 돌아보기

1 이야기의 마지막을 생각해 봅시다.

마을 사람들이 이무기에게 제물을 바치지 않았더라면?

청년이 돛을 흰색으로 바꿨더라면?

처녀가 죽지 않고 조금만 더 기다렸더라면?

★ 이야기에 나온 표현들을 공부해 봅시다.

동형 -(으)면서(도) / 명 (이)면서(도)

앞의 상황에서 기대하는 것과 뒤의 내용이 다르거나 반대의 사실이 올 때 사용합니다.
앞과 뒤 문장의 주어는 같고, '-지만'과 바꿔 쓸 수 있습니다.

> 예　동생은 점심을 **먹었으면서도** 내가 끓인 라면을 또 먹겠다고 했다.
> 연숙 씨는 윤오 씨를 **좋아하면서도** 싫어하는 척한다.

동형 -았/었/였더라면

01 과거에 그렇게 했으면 좋은 결과가 나타났을 텐데 실제로는 그렇게 하지 않아서 후회하거나
아쉬워할 때 사용합니다.
뒤 문장에는 주로 '-(으)ㄹ 것이다', '-(으)ㄹ 텐데, -았/었/였을 텐데'와 같은 추측의 표현이
옵니다.

> 예　놀지 않고 열심히 **공부했더라면** 시험에 떨어지지 않았을 텐데…….
> 너무 서두르지 **않았더라면** 실수하지 않았을 텐데…….

02 과거에 그렇게 행동했으면 부정적이 결과가 생길 뻔했는데 실제로는 그렇게 행동하지 않아
서 좋은 결과를 얻었기 때문에 다행이라고 생각할 때 사용합니다.
뒤 문장에는 주로 '-(으)ㄹ 것이다', '-(으)ㄹ 뻔하다', '-(으)ㄹ지도 모르다'와 같은 표현이 잘
어울립니다.

> 예　표를 예매하지 **않았더라면** 영화를 못 볼 뻔했다.
> 연숙 씨가 도와주지 **않았더라면** 발표 준비를 제대로 하지 못했을 거예요.

동 형 **–더라고(요)**

과거에 직접 경험한 후 새로 알게 된 사실을 다른 사람에게 이야기할 때 사용합니다.
말할 때만 사용합니다.

> 예 회사 앞에 새로 생긴 식당에 가 봤는데 음식이 싸고 **맛있더라고요**. 한번 가 보세요.
> 영화배우 황연숙 씨를 실제로 봤는데 정말 **예쁘더라고요**.

동 형 **–더니**

01 경험하여 알게 된 사실이나 상황에 바로 이어서 그와 관련된 다른 상황이 일어남을 나타낼
때 사용합니다.

> 예 날씨가 **흐려지더니** 천둥이 치면서 비가 온다.
> 바람이 **불더니** 갑자기 문이 닫혔다.

02 다른 사람이 한 일과 그로 인해 생긴 결과를 나타낼 때 사용합니다.

> 예 동생이 많이 **먹더니** 배가 아프다고 했다.
> 연숙이는 남자 친구와 자주 **싸우더니** 결국 헤어졌다.

노심초사(勞心焦思)

몹시 신경을 써서 걱정함을 의미합니다.

> 예　평소 술을 많이 마시는 남편 때문에 아내는 늘 **노심초사**한다.

금의환향(錦衣還鄉)

좋은 옷을 입고 고향에 돌아온다는 뜻으로 어떤 일에 성공을 한 후에 고향에 돌아옴을 의미합니다.

> 예　가: 국가대표 축구팀이 이번 월드컵에서 금메달을 딴 거 알지요? 오늘 귀국한대요.
>
> 　　나: 네, 그 경기 봤어요. 이거야말로 **금의환향**하는 거네요.

족두리를 닮은 백일홍(百日紅)의 꽃말

백일홍

족두리

　꽃말이란 그 꽃이 갖고 있는 의미를 말한다. 한국에서 백일홍의 꽃말은 '기다림, 순결, 죽은 친구를 그리워함' 등이다. 마치 결혼을 약속한 사랑하는 남자가 돌아오기만을 기다리다가 결국 죽은 줄 알고 삶의 희망을 잃은 처녀의 마음을 표현하는 것 같다.

　이 이야기에서 처녀는 날마다 머리에 족두리를 쓰고 예쁘게 꾸민 후 언덕 위에서 청년을 기다렸다. 족두리는 옛날에 결혼식을 할 때 여자들이 머리 위에 쓰던 것으로 모자와 비슷한데 한국 사람들은 백일홍이 족두리의 모양을 닮았다고 생각한다.

장화홍련전

문 열기

01 한국의 귀신에 대해서 들어 본 적이 있습니까? 한국의 귀신들에게 주로 어떤 사연이 있는지 알고 있습니까?

02 만약에 여러분이 억울한 일을 당했다면 어떻게 하겠습니까?

1 조선 시대 평안도 철산군에 배무룡이라는 양반과 얼굴뿐만 아니라 마음씨까지 고운 부인 장 씨가 살았다. 어느 날 밤 장 씨 부인은 잠을 자다가 꿈을 꾸었는데 향기로운 꽃이 날아 와서 선녀로 변하여 장 씨에게 안겼다. 이후 장 씨는 임신을 하였고 장 씨를 닮아 외모가 뛰어나고 마음씨 고운 딸인 장화가 태어났다. 2년 뒤 장 씨는 장화에 못지않게 예쁜 딸 홍련을 낳았다. 장화와 홍련은 사이가 아주 좋았고 배 씨 가족은 오순도순 행복하게 살았다. 하지만 그 행복도 오래 가지 못했다. 장 씨가 큰 병에 걸렸기 때문이었다. 장 씨는 죽기 직전에 배 씨에게 말했다.

"제가 죽거든 다시 결혼을 하세요. 그리고 지금처럼 우리 장화와 홍련을 아끼고 사랑해 주시고, 무슨 일이 생기더라도 새 부인보다는 우리 딸들을 믿어 주세요."

이 말을 남기고 장 씨는 하늘나라로 떠났다. 배 씨는 부인의 죽음이 슬펐지만 집에 대를 이을 아들이 없는 것을 걱정해 곧 다시 결혼을 할 수밖에 없었다.

하늘나라로 떠나다 ☑

죽는다는 말을 간접적으로 표현한 것

2 배 씨는 허 씨와 재혼하였다. 허 씨는 얼굴은 크고, 입술은 두껍고, 머리카락은 돼지털과 같이 뻣뻣했고, 키는 남자에 못지않게 컸고, 목소리는 늑대와 같이 거칠었을 뿐만 아니라 성격 또한 사나웠다. 결혼 후 허 씨는 아들 셋을 낳았지만 배 씨는 아들들보다는 장화와 홍련과 지내는 시간이 많았고 허 씨는 이런 부녀사이를 질투해서 어떻게 하면 쥐도 새도 모르게 장화와 홍련을 죽일 수 있을지만 생각했다.

쥐도 새도 모르게 ☑

아무도 모르게

3 허 씨는 큰 아들 장쇠를 불러 말했다.

"오늘 밤에 쥐를 한 마리 잡아서 죽여라. 그 쥐에 피를 발라서 장화가 잠

을 자는 사이에 장화의 이불 속에 넣어 놓도록 해."

그날 밤 허 씨는 남편을 찾아가 말했다.

새단어

- **양반** aristocrat, 両班, 兩班
- **거칠다** to be rough, 荒い, 粗鲁
- **향기롭다** to be aromatic, におやかだ, 芬芳
- **사납다** to be fierce, きあらい, 凶
- **선녀** Taoist fairy, 天女, 仙女
- **임신하다** to get pregnant, 妊娠する, 怀孕
- **바르다** to smear, 塗る, 涂
- **직전** just before, 直前, 之前

- **두렵다** to get afraid of, 恐ろしい, 害怕
- **(대를) 잇다** to carry on family line, 代を継ぐ,
  接(传宗接代)
- **발견하다** to discover, 見つける, 发现
- **재혼하다** to remarry, 再婚する, 再婚
- **두껍다** to be thick, 厚い, 厚
- **늑대** wolf, 狼, 狼

"여보, 아무래도 장화가 아기를 가졌던 것 같아요. 그런데 결혼도 하지 않고 아기를 가진 사실이 마을 사람들에게 알려지는 것이 두려워서 약을 먹어 아기를 죽인 것 같은데……. 제가 장화의 방에서 이걸 발견했거든요. 한번 보세요." 라고 말하면서 피가 묻은 쥐를 배 씨에게 보였다. 그리고 이 사실을 숨기기 위해서는 장화를 죽일 수밖에 없다고 말했다.

4 허 씨의 거짓말을 모두 믿은 배 씨는 늦은 밤 장화를 불러 외삼촌 댁에 다녀오라고 했다. 이유도 모른 채로 장화는 오빠 장쇠와 함께 늦은 밤 외삼촌 댁으로 향했다. 하지만 장쇠가 장화를 데려간 곳은 깊은 산 속이었다. 산 속에 도착하자 장쇠는 산 속에 있는 깊은 연못 안으로 장화를 밀어 죽였다. 그때였다! 집으로 돌아가려고 하는 장쇠 앞에 갑자기 큰 호랑이가 나타났고 장쇠는 호랑이에게 물려 크게 다쳤다. 가까스로 집으로 돌아온 장쇠를 본 어머니 허 씨는 크게 화가 나 홍련마저 죽일 계획을 세웠다.

5 언니가 죽은 슬픔에 홍련은 매일 밤 울다시피 했다. 어느 날 홍련이 울다가 잠이 들었는데 꿈에 장화가 나타나 눈물을 글썽글썽하며 홍련에게 말했다.

"홍련아, 나는 어머니 허 씨와 오빠 장쇠 때문에 죽었어. 나는 나 없이 혼자 살아야 하는 네가 정말 걱정되는구나."

꿈에서 깬 홍련이 울고 있을 때 파랑새 한 마리가 나타났다. 파랑새는
홍련의 주변을 계속 빙빙 돌았는데, 그 모습이 홍련에게 따라오라고 말하
는 듯했다. 파랑새를 따라 홍련이 도착한 곳에는 언니가 죽임을 당한 연못
이었다. 그리고 결국 홍련도 그 연못에 뛰어 들어가 스스로 목숨을 끊고
말았다.

6 그날 이후로 철산군에 부임하는 모든 부사는 일주일을 넘기지 못하고
아무 이유도 없이 죽게 되었다. 그리고 이 모든 것은 밤마다 나타나는 처녀
귀신 때문이라는 소문이 돌았다. 이 소문은 전 지역에 퍼졌고, 임금은 철산
군 부사를 찾느라 애를 먹고 있었다. 수개월 후 이 소식을 들은 한 양반이
철산군의 부사로 일을 해 보겠다고 자원을 했다. 그는 어떤 어려운 일에도
발을 벗고 나서는 용감하고 현명한 양반 정동호였다.

7 부임 첫 날 정동호는 좀처럼 잠을 잘 수가 없었다. 꿈에 불쑥 장화와
홍련이 나타났기 때문이다. 장화와 홍련을 본 정동호는 너무 놀라 가슴이

새단어

- **밀다** to push, 押す, 推
- **물리다** to be bitten, 噛まれる, 被…咬
- **당하다** to get (murdered), される, 遭到
- **부임하다** to proceed to one's post, 来任する,
  　　　上任

- **부사** administration, 副使, 副使
- **벌하다** to punish, 罰する, 懲罰
- **자원하다** to volunteer, 志願する, 志愿
- **현명하다** to be wise, 賢い, 賢明
- **좀처럼** seldom, なかなか, 偏偏

두근두근 뛰었다. 장화와 홍련이 떨고 있는 정동호에게 말했다.

"저희는 이 마을의 허 씨 부인과 그 아들 장쇠 때문에 억울하게 죽었습니다. 제발 저희의 다친 마음을 위로해 주시고 허 씨 부인에게 벌을 내려서 저희의 억울함을 풀어 주세요. 그리고 허 씨 부인이 무슨 말을 하더라도 절대로 믿으시면 안 돼요."

다음 날 아침 해가 뜨자마자 정동호는 허 씨를 불러 장화와 홍련의 죽음에 대해 물었다. 허 씨는 처음에는 시치미를 뗐지만 계속 되는 매를 견디지 못하고 정동호에게 장화와 홍련이 죽은 연못의 위치를 말했다. 그리고 정동호는 그 연못에서 장화와 홍련의 시체를 발견했다. 장화와 홍련은 살아 있을 때의 아름다운 모습 그대로였다. 정동호는 허 씨와 그의 아들 장쇠를 크게 벌하고 마을에서 쫓아냈다.

8 그 날 밤 정동호의 꿈에 다시 장화와 홍련이 나타났다.

"정말 감사합니다. 이 은혜는 절대로 잊지 않겠습니다."

또 다시 혼자가 된 배 씨는 집안의 대를 잇기 위해서 마음씨 착하기로 소문난 윤 씨와 다시 결혼을 했다. 어느 날 윤 씨는 꿈속에서 두 선녀를 만났다.

"이 연꽃 두 송이를 받으세요."

연꽃을 준 선녀는 아무 말도 남기지 않은 채로 사라졌다. 이 후 윤 씨가 쌍둥이를 낳았는데 딸이었다. 배 씨는 딸을 볼 때마다 장화와 홍련을 보는 것 같아 기뻤다. 그리고 예쁘게 자라 15세가 된 두 딸은 이웃 마을 양반의 아들들과 결혼하였고, 아들과 딸을 낳고 오랫동안 행복하게 살았다.

새단어

- **(벌을)내리다** to punish, 罰を与える, 下达
- **매** rod, 鞭, 鞭
- **그대로** as it is, そのまま, 原样
- **쫓아내다** to drive out, 追い出す, 赶走
- **쌍둥이** twin, 双子, 双胞胎
- **억울하다** unfair, 悔しい, 冤枉

이야기 속 구경하기

01 단어 이해하기

1 〈보기〉에서 알맞은 단어를 골라 문장을 완성하십시오.

보기			
애를 먹다	시치미를 떼다	발을 벗고 나서다	쥐도 새도 모르게
뻣뻣하다	바르다	직전	대를 잇다

1) 입에 크림이 묻었는데도 끝까지 케이크를 먹지 않았다고 ＿＿＿＿＿＿.

2) 로션을 ＿＿＿＿＿＿ 거칠었던 손이 좀 부드러워졌다.

3) 잠을 자기 ＿＿＿＿＿＿ 음식을 먹으면 소화가 잘 되지 않는다.

4) 그 집은 ＿＿＿＿＿＿ 자식이 없다.

5) 유학을 가지 않겠다는 아이를 설득하느라 ＿＿＿＿＿＿.

02 내용 이해하기

1 이 이야기에서 배울 점은 무엇입니까?

① 꿈의 의미를 이해하도록 노력해야 한다.

② 어려운 일에 발을 벗고 나서는 사람은 복을 받는다.

③ 나쁜 일을 하면 벌을 받고 착하게 살면 복을 받는다.

④ 죽어서도 나를 키워 준 부모님의 은혜를 잊으면 안 된다.

2 이야기를 읽고 맞으면 O, 틀리면 X 하십시오.

1) 장 씨는 자신이 죽은 후에 남편이 재혼해서 행복하게 살기를 원했다.　　（　　）

2) 배 씨는 장화가 아기를 가졌다는 허 씨의 말을 믿지 않았다.　　（　　）

3) 장화는 숲 속에서 갑자기 나타난 호랑이에게 물려서 죽었다.　　（　　）

4) 정동호는 장화와 홍련을 죽게 한 허 씨와 장쇠를 죽였다.　　（　　）

이야기 돌아보기

1 다음은 '장화홍련전'을 정리한 것입니다. 어울리는 내용을 찾아서 문단의 번호를 쓰십시오.

(**1**) 평안도 철산군에 배 씨 부부가 장화와 홍련이라는 아름다운 두 딸과 살고 있었다. 어느 날 배 씨의 부인 장 씨가 병에 걸려 죽게 됐다.

(　　) 장쇠는 장화를 깊은 산 속으로 데려가 연못에 빠뜨려 죽였다.

(　　) 배 씨는 허 씨와 재혼을 했지만 장화와 홍련을 아끼고 사랑했고 허 씨는 이런 딸들을 질투했다.

(　　) 홍련 앞에 파랑새가 나타났고, 홍련은 파랑새를 따라 언니가 죽은 산 속의 연못으로 가서 스스로 목숨을 끊었다.

(　　) 허 씨는 남편에게는 장화가 결혼을 하지 않고 임신한 것이 알려질까 봐 무서워서 약을 먹어 아이를 죽였다고 거짓말을 했다.

(　　) 장화와 홍련이 죽은 뒤에 용감하고 현명한 정동호라는 양반이 그 곳의 부사로 지원했다.

(　　) 정동호는 허 씨와 장쇠를 불러 장화와 홍련의 억울한 죽음을 밝히고 허 씨와 장쇠를 마을에서 쫓아냈다.

(**8**) 배 씨는 대를 잇기 위해서 윤 씨와 재혼하여 쌍둥이 딸을 낳았는데 두 딸은 아름답게 커서 이웃 마을의 남자와 결혼하여 행복하게 살았다.

★ 이야기에 나온 표현들을 공부해 봅시다.

동형 **-거든**

어떤 상황을 가정하는 표현입니다. '-(으)면'에 비해서 그 상황이 일어날 가능성이 적다고 생각하는 일을 가정할 때 사용합니다. 이 표현은 주로 '-(으)세요'나 '-(으)ㅂ시다'와 함께 씁니다.

> 예　휴가철이라 비행기 표를 구하기 힘들겠지만 표를 파는 여행사를 **찾거든** 제게도
> 연락을 해 주세요.
> 혹시 날씨가 **나쁘거든** 여행은 다음으로 미루자.

동형 **-(으)ㄴ/는/(으)ㄹ 듯하다**

어떤 행동이나 상태인 것 같다는 말하는 사람의 추측을 나타내는 표현입니다.

> 예　날씨가 흐린 걸 보니까 곧 비가 **올 듯해요.**
> 연숙 씨가 기분이 안 **좋은 듯해서** 초콜릿을 주었어요.

동 −다시피 하다

[동사]의 행동과 거의 비슷하게 어떤 일을 하는 상태를 표현하는 말입니다.

예 살을 빼기 위해서 일주일동안 물과 오이만 먹으며 **굶다시피 했다.**
곧 시험이라서 나는 요즘 매일 도서관에 **가다시피 한다.**

명 마저

다 없어지고 마지막 남은 하나라는 의미입니다.

예 **너마저** 나를 떠나면 내 곁에는 아무도 없어. 제발 가지 마.
어머니께서는 작년에 돌아가시고 **아버지마저** 지난달에 돌아가셔서 저는 지금 혼자 살고 있습니다.

사필귀정(事必歸正)

무슨 일이든지 결국은 올바른 방향으로 끝난다는 의미입니다.

> 예 지난 10년 동안 사람들을 속여서 큰돈을 번 김 씨의 거짓말이 밝혀져서 김 씨가
> 돈도 잃고 주변 사람들도 잃게 된 걸 보면 '**사필귀정**'이라는 말이 생각난다.

인과응보(因果應報)

과거에 나쁜 행동을 한 사람은 나중에 자신이 한 잘못을 돌려받게 된다는 의미입니다.

> 예 가: 우리 대학교 때 연숙이 기억나? 매일 남자 친구에게 거짓말을 하다가 결국
> 　　헤어졌잖아.
> 　나: 응, 알지.
> 　가: 그런데, 연숙이가 새로 사귀게 된 남자 친구가 매일 연숙이에게 거짓말을
> 　　해서 연숙이가 정말 힘들어한대.
> 　나: 아, 그래? **인과응보**네.

이야기 속 **한국 문화**

'한(恨)의 정서'

　한국의 옛날이야기에는 귀신이 자주 나온다. 특히 여자 귀신이 많이 나오는데, 이 여자 귀신들은 대부분 모두 억울하게 죽음을 당했다는 공통점이 있다.

　한국에는 '여자가 한을 품으면 오뉴월에도 서리가 내린다'는 속담이 있다. '한'은 지난 일이 억울하게 생각되어 잊히지 않고 마음에 남은 것을 말한다. 이 속담은 여자가 한을 품으면 따뜻한 5, 6월에도 서리(얼음 비)가 내릴 정도로 그 영향이 크고 무섭다는 뜻이다.

　조선 시대는 '유교 사회'였다. '유교 사회'는 남성 중심의 사회였기 때문에 여자는 모든 집안일을 혼자 해야 했고 사회생활도 할 수 없었다. 그리고 여자는 어떤 억울한 일도 참는 것이 당연한 것이라고 생각되었다. 이런 이유 때문에 한국의 고전 소설을 보면 억울함을 견디지 못하고 한을 품어 귀신이 된 여자의 이야기가 자주 나오는 것이다.

우정의 길

문 열기

01 여러분에게는 기쁨과 슬픔을 모두 함께 나누는 소중한 친구가 있습니까?

02 집안 형편이 안 좋아진 친구에게 여러분은 어떤 도움을 주어야 한다고 생각합니까?

1 옛날 지방의 작은 시골 마을에 김죽마와 박고우가 살았다. 둘은 한 동네에서 태어나고 함께 자랐다. 많은 시간을 함께 지내면서 자연스럽게 두 사람의 우정은 깊어져 갔다. 둘은 "우리 죽을 때까지 우리의 우정을 지키자. 그리고 기쁨과 슬픔을 모두 함께 나누자."라고 맹세했다.

2 시간이 흘러 두 사람은 청년이 되어 과거 시험을 보게 되었다. 어렸을 때부터 똑똑하던 죽마는 과거 시험에 합격하여 벼슬을 얻고 집안도 부유해졌다. 이에 반해 고우는 과거 시험에 계속 떨어졌고, 집안 형편도 점점 나빠졌다. 둘의 형편은 하늘과 땅 차이였지만 서로에 대한 우정은 변함없었다. 죽마는 고우의 처지를 늘 안타까워하며 어렸을 때 맹세한 대로 고우를 도와주었는데 항상 고우가 겨우 먹고 살 수 있을 정도의 돈과 식량만 주었다. 고우는 죽마가 자신을 거지로 대하는 것 같아 늘 창피하고 불만스러웠지만 살기 위해서는 죽마의 도움을 받을 수밖에 없었다.

하늘과 땅 차이 ☑

하늘과 땅 사이의 거리만큼 차이가 큼.

3 몇 년이 흘러 죽마는 '평안 감사'라는 벼슬을 얻어 평양으로 가게 되었다. 길을 떠나면서 죽마는 고우에게 말했다.

"앞으로도 꾸준히 식량을 보내줄 테니까 굳이 평안도에 찾아올 필요는 없어."

"고마워, 친구. 역시 너밖에 없어."

죽마가 평안도로 떠나고 고우는 죽마가 보내주기로 한 식량을 목이 빠지게 기다렸지만 죽마는 식량을 보내주기는커녕 아무 소식도 없었다. 고우는 생각했다.

‘그래. 눈에서 멀어지면 마음에서도 멀어지게 마련이지. 이렇게 가만히 기다리기만 하다가는 나뿐만 아니라 우리 가족도 모두 굶어 죽을지도 몰라.’

4 지금까지 죽마에게만 의지하면서 살아온 고우는 참다 못해 죽마를 찾아 평안도로 떠났다. 고우는 며칠을 굶어 거지와 다름없는 모습으로 가까스로 죽마의 집에 도착했다.

‘일단 죽마의 집에 도착하면 그 친구가 맛있는 밥도 주고 멋진 새 옷도 해 주겠지. 또 오랜만에 만나는 것이니 나를 얼마나 반가워하겠어?’

하지만 고우의 기대와 달리 죽마는 오랜만에 만난 친구에게 따뜻한 밥 한 끼를 주기는커녕 반가워하지도 않았다. 죽마는 친구의 얼굴도 마주치지 않은 채 찬 밥 한 그릇과 간장 조금을 마루에 차려 주며 말했다.

“빨리 먹고 집으로 돌아가.”

새단어

- **과거 시험** state examination, 科擧試驗, 科擧考试
- **불만스럽다** to be dissatisfied, ものたりない, 不滿
- **부유하다** to be rich, 富裕だ, 富裕
- **얻다** to get (a position), 得る, 獲得
- **형편** circumstance, 都合, 境況
- **꾸준히** constantly, こつこつ, 不斷地
- **변함(이)없다** to be unchanged, 変りない, 没有变化

- **굳이** unnecessarily, 無理に, 執意
- **처지** situation, 立場, 处境
- **가만히** still, じっと, 静静地
- **맹세하다** to swear, 誓う, 发誓
- **참다** to stand, 堪る, 忍住
- **식량** food, 食糧, 粮食
- **거지** beggar, こじき, 乞丐
- **대하다** to treat, 対する, 对待

5 고우는 서운한 마음에 벌떡 일어나 집밖으로 뛰어나오면서 생각했다.

'예전에는 그렇게 나에게 잘 해 주더니 벼슬을 얻고 나니 사람이 변했네.'

고우는 집으로 터덜터덜 걸어가며 친구에 대한 서운함과 앞으로 살아갈 것에 대한 걱정으로 괴로워했다.

'이렇게 살 바에야 차라리 죽는 게 낫겠어.'

하지만 집에서 자신을 기다리는 가족들을 생각하니 죽을 수도 없었다. 그렇게 고우는 집을 향해 다시 걷다가 배고픔에 지친 나머지 어느 방앗간 앞에 쓰러지고 말았다.

터덜터덜 ☑

지쳐서 무거운 발걸음으로 천천히 걷는 모양

6 방앗간에서 나온 늙은 여자는 고우를 안으로 데리고 들어가 따뜻한 밥과 국을 주었다. 밥상을 차려 놓고 나가며 여자는 고우에게 말했다.

"이것은 평안 감사께서 드리는 음식입니다."

고우는 죽마가 자신에게 장난치는 것만 같아 화가 났지만 배고픔을 참지 못하고 그 음식을 먹었다. 밥을 다 먹은 후 고우는 잠이 들었고 잠에서 깨어나 주변을 둘러보고 깜짝 놀랐다. 밥을 차려준 여자는 물론이고 방 안에는 아무것도 남아 있지 않았기 때문이다. 고우는 모든 것이 이상했지만 자기를 기다릴 가족들을 생각해 서둘러 방앗간을 나섰다.

7 또 다시 집을 향해 걷던 고우에게 한 남자가 나타나 편지 한 장을 건네며 말했다.

"평안 감사께서 주신 편지입니다."

고우는 편지를 읽고 손을 바들바들 떨었다. 편지에는 고우의 집에 초상이 났으니 서둘러 집으로 가라고 써 있었다. 고우는 편지를 읽자마자 눈물을 흘리며 서둘러 집으로 향했다. 간신히 집으로 돌아온 고우는 또 한 번 크게 놀랐다. 전에 살던 집에 가족들은 온데간데없고 전혀 모르는 사람들이 살고 있었기 때문이다.

8 고우는 집 밖으로 나와 계속해서 걷다 또 다시 지쳐 어느 한 큰 기와집 대문 앞에 앉았다. 마침 대문 밖으로 나온 어린 아이가 고우의 얼굴을 살피더니 집 안에 있는 다른 사람들을 향해 크게 소리쳤다.

"주인어른, 어서 나와 보세요. 여기…여기…."

집 안에서 나온 사람들은 고우의 가족들이었다.

"아버님, 이게 무슨 일이에요?"

고우가 읽은 편지의 내용과 달리 가족들은 모두 살아 있었다. 그냥 살아 있는 것이 아니라 아주 잘 살고 있었다. 정신을 차린 고우에게 아내가 그동안의 일을 이야기했다.

☑ **바들바들**

몸을 작게 떠는 모양

☑ **온데간데없다**

원래 있던 것이 흔적도 없이 사라짐.

새단어

- **의지하다** to depend, 頼る, 依頼
- **방앗간** mill, 精米所, 碓屋
- **가까스로** barely, かろうじて, 好不容易
- **쓰러지다** to collapse, 倒れる, 摔倒
- **다름없다** to be no better than, 違いがない, 没有两样
- **장난(을)치다** to make fun, 冗談をする, 玩弄
- **끼** unit of meal, 食, 顿
- **둘러보다** to look around, 見回す, 环视
- **마주치다** to meet, 出くわす, 对眼
- **건네다** to hand, 渡す, 递
- **(상을)차리다** to set (the table), ととのえる, 准备
- **초상(이)나다** to go into mourning, 喪中である, 有了丧事
- **차라리** rather, むしろ, 还不如

"당신이 평양으로 떠난 후 얼마 지나지 않아 죽마 씨가 우리 가족들을 큰
집으로 이사도 시켜 주고 곳간에 식량도 가득 채워 주었어요. 그런 뒤에 한
참 동안 소식이 없다가 평양에서 당신이 죽었다는 소식을 전해 들었죠. 그
소식과 함께 당신의 시신이 들어 있다는 관도 함께 왔어요. 그래서 지금 장
례식을 준비하던 중이었고요. 그런데 당신이 이렇게 살아서 돌아온 거예
요. 모든 게 꿈만 같네요."

9 고우는 서둘러 관 뚜껑을 열어 보았다. 그 안에는 시신이 아니라 돈과
보물이 가득 차 있었고, 편지 한 통이 들어 있었다.

"쉽게 얻으면 쉽게 쓰게 되고 그러면 게을러지게 마련이라 내가 나의 소중한 친구를 고생시켰네. 우리의 약속을 기억하지? 나의 기쁨과 재물을 모두 친구인 당신과 함께 나누고 싶어. 이 돈으로 가족들을 잘 보살피고 과거 시험에 필요한 책도 사도록 해."

고우는 죽마의 뜻깊은 우정에 감동하여 눈물을 흘렸다.

이후 고우는 밤낮으로 열심히 공부를 하여 과거 시험에 합격하고 큰 벼슬을 얻게 되었다. 그리고 그 후로도 죽마와 고우의 우정은 변함이 없었다.

새단어

- **마침** just in time, ちょうど, 正好
- **장례식** funeral, 葬式, 葬礼
- **살피다** to look carefully, 調べる, 观察
- **뚜껑** cover, 蓋, 盖子
- **차리다** to recover (consciousness), 気をしっかりもつ, 打起(精神)

- **재물** wealth, 財物, 财物
- **뜻깊다** to be meaningful, 意義深い, 意味深长
- **관** coffin, 官, 棺材

01 단어 이해하기

1 다음 단어와 의미를 바르게 연결하십시오.

1) 부유하다 •	• ㉮ 주의하여 자세히 봄.
2) 형편 •	• ㉯ 돈이나 재산이 많은 상태
3) 의지하다 •	• ㉰ 움직임이 거의 없이
4) 가만히 •	• ㉱ 다른 사람에게 기대어 도움을 받음.
5) 살피다 •	• ㉲ 생활의 수준이나 상태

02 내용 이해하기

1 '죽마'가 '고우'를 적극적으로 도와주지 <u>않은</u> 이유로 알맞은 것을 고르십시오.

① '고우'의 가족의 부탁이 있었기 때문에

② '고우'가 진정한 우정의 의미를 모른다고 생각했기 때문에

③ '고우'를 도와줄 만한 충분한 재산과 지위를 갖지 못하였기 때문에

④ '고우'가 자신의 힘으로 인생의 어려움을 극복할 힘을 가질 수 있게 하기 위해서

이야기 돌아보기

1 다음은 '우정의 길' 이야기를 짧게 정리한 것입니다. 빈 칸에 알맞은 내용을 써서 이야기를 완성하십시오.

1 옛날 시골의 작은 마을에 '김죽마'와 '박고우'라는 사람이 살았는데, 둘은 영원한 우정을 맹세했다.

2 청년이 된 두 사람은 과거 시험을 보았는데 '________'는 시험에 합격하여 벼슬을 얻었지만 '________'는 시험에 떨어졌고, '________'는 '________'에게 의지하면서 살 수밖에 없었다.

3 몇 년 뒤 '죽마'는 높은 벼슬을 얻어 평양으로 가게 되었고 '고우'에게 ____________ 약속했다. 하지만 약속과 달리 '고우'가 아무리 기다려도 '죽마'로부터는 아무 소식도 없었다.

4 '고우'는 기다리다 못해 '죽마'를 찾아갔지만 오랜만에 만난 '죽마'는 '고우'를 전혀 반가워하지 않았고, '고우'에게 밥 한 끼만을 주고 다시 집으로 돌아가라고 차갑게 말했다.

5 집으로 돌아가던 '고우'는 지쳐서 걷다가 ____________ 앞에 쓰러졌다.

6 ____________에서 나온 늙은 여자가 '고우'에게 '죽마'가 주는 것이라면서 밥상을 차려주었고, 밥을 먹고 잠을 잔 후 '고우'는 방앗간을 나섰다.

7 집을 향해 걷던 '고우'에게 한 남자가 나타나 ____________을/를 주었다. 편지에는 집에 초상이 났으니 서둘러 집에 가 보라는 말이 써 있었고, '고우'가 서둘러 집으로 갔지만 집에는 '고우'가 전혀 모르는 사람들이 살고 있었다.

8 '고우'는 가족을 찾아 마을을 걸어 다니다 큰 기와집 앞에서 우연히 가족들을 만나게 되었다.

9 '고우'는 가족들로부터 '죽마'가 '고우'의 가족들에게 ____________________ 이야기를 듣게 되었고, '죽마'의 편지를 읽고 그동안의 '죽마'의 행동에 담긴 의미를 깨닫게 되었다.

★ 이야기에 나온 표현들을 공부해 봅시다.

동 -(으)ㄹ 바에야

두 가지 중 어떤 것도 만족스러운 선택은 아니지만 첫 번째 것에 비해서는 두 번째 것이 그래도 낮다고 생각해 (어쩔 수 없이) 두 번째 것을 선택하겠다는 의지나 생각을 표현합니다.

> 예 좋아하지 않는 음식을 **먹을 바에야** 굶겠다.
>
> 한 번 갔던 곳으로 또 여행을 **갈 바에야** 차라리 가지 않겠다.

동 -(으)ㄴ 나머지

앞의 상황을 이유로 뒤에 의도하지 않은 결과가 발생했음을 나타내는 표현입니다. 앞의 이유로는 주로 상태나 정도가 심한 것이 오며 뒤의 결과는 대부분 부정적이거나 극단적인 상황이 옵니다.

> 예 최우수 연기상을 받은 배우 김유라 씨는 너무 **기쁜 나머지** 눈물을 흘렸다.
>
> 친구가 죽었다는 소식에 너무 **놀란 나머지** 나는 그 자리에서 쓰러지고 말았다.

동 –다 못해

어떤 행동을 더 이상은 지속할 수 없어 뒤의 행동을 하게 되는 상황을 표현할 때 사용합니다.

> 예 한 유명 배우가 우울증을 **견디다 못해** 자살을 했다.
> 도서관에서 계속 떠드는 사람들을 **보다 못해** 좀 조용히 해 달라고 이야기했다.

동 –아/어/여 가다/오다

01 –아/어/여 오다

어떤 동작이 과거부터 현재를 향해서 계속해서 유지되고 있음을 나타낼 때 사용하는 표현입니다.

> 예 나는 이 회사에서 30년 간 **일해 왔다**.
> 일출 시간이 가까워지자 동쪽에서부터 천천히 날이 **밝아 왔다**.

02 –아/어/여 가다

어떤 동작이 과거부터 미래를 향해서 계속해서 지속되고 있음을 나타낼 때 사용하는 표현입니다.

> 예 아이가 클수록 아빠를 **닮아 간다**.
> 일이 거의 다 **끝나 가니까** 조금만 기다려 주십시오.

죽마고우(竹馬故友)

어렸을 때부터 함께 자라 우정이 깊은 친구 사이를 말합니다.

> 예　대학교 때 처음 만났지만 승지 씨와 연숙 씨는 **죽마고우**처럼 마음이 잘 맞는다.

간담상조(肝膽相照)

서로 속마음을 다 이야기하며 친하게 사귄다는 뜻입니다.

> 예　어렸을 때부터 **간담상조**하던 친구가 유학을 가서 고민을 나눌 친구가 없어지니 마음이 허전하다.

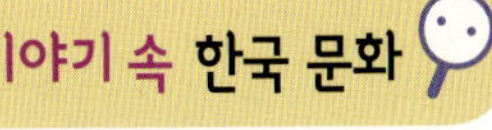

사다함과 무관량의 우정 이야기

　신라 시대에는 인재를 양성하는 '화랑'이라는 제도가 있었다. 신라의 화랑들 중에서 '사다함'은 뛰어난 인재로 유명한 것은 물론 그의 벗(친구) '무관량'과의 우정으로도 유명하다. '무관량'과 '사다함'은 죽고 사는 것을 함께 하자고 맹세한 죽마고우였다. '무관량' 역시 화랑이었는데 안타깝게도 그는 '사다함'과는 달리 몸이 많이 약해 나라를 위해 큰 공을 세운 적이 없었다. 그래서 '사다함'이 전쟁에 나가서 큰 공을 세울 때도 '무관량'은 그런 친구를 축하해 주면서도 한편으로는 마음이 불편했다. '무관량'이 병을 얻어 죽자 '사다함'은 그의 시신을 일주일 동안 지키며 둘이 함께 지은 노래를 부르다가 '무관량'을 따라 죽었다는 이야기가 전해진다.

부록

속담 · 사자성어

속담

속담	의미
고생 끝에 낙이 온다	힘들고 어려운 일이 일어난 다음에는 반드시 기쁘고 좋은 일이 생긴다는 의미입니다.
굴러 온 호박 (호박이 넝쿨째로 굴러 떨어졌다)	전혀 예상하지 못한 좋은 일이 생기게 되었다는 의미입니다.
그물에 든(걸린) 고기	이미 잡혀서 다른 방법을 찾지 못하는 상황에 있음을 의미합니다.
꿈보다 해몽이 좋다	나쁜 일도 좋게 해석하고 생각한다는 의미입니다.
누이 좋고 매부 좋다	어떤 일을 하면 나뿐만 아니라 서로 다 좋은 일이라는 의미입니다.
다 된 밥에 재 뿌리기 (다 된 죽에 코 풀기)	거의 다 된 일을 망치는 행동이나 남의 다 된 일을 나쁜 방법으로 방해하는 것을 나타냅니다.
달리는 말에 채찍질 한다	잘 진행되고 있는 일에 더 노력을 기울인다는 의미입니다. 최선을 다하고 있는데도 자꾸 더 하라고 한다는 의미로도 사용됩니다.
도랑 치고 가재 잡는다	한 개의 일로 두 개의 이익을 보는 상황을 나타내는 말입니다.
돌다리도 두들겨 보고 건너라	잘 아는 일도 잘 알아보고 주의하라는 의미입니다.
땅 짚고 헤엄치다	어떤 일을 하기가 너무 쉽다는 의미입니다. 어떤 일이 의심할 필요없이 확실하다는 의미입니다.
밑 빠진 독에 물 붓기	아무리 노력을 해도 원하던 결과를 얻기 힘들다는 의미입니다.
병 주고 약 준다	남에게 해로운 일을 한 뒤에 위로하는 것처럼 교활한 행동을 나타낼 때 사용합니다.
비 온 뒤에 땅이 굳어진다	힘든 일이나 어려운 일을 경험한 뒤에 더 강해질 수 있다는 의미입니다.
선무당이 사람 잡는다	능력없고 서투른 사람이 어떤 일을 하려고 하다가 결국 나쁜 결과를 가져오게 됨을 나타내는 말입니다.
세월이 약	아무리 가슴이 아픈 일도 시간이 흐르면 자연스럽게 잊게 된다는 의미입니다.

속담	의미
소 잃고 외양간 고친다	일이 잘못된 뒤에는 해결하려고 노력해도 소용이 없음을 나타내는 말입니다.
순풍에 돛을 단 배 (순풍에 돛을 달다)	어떤 일을 하는 데 목표한 대로 방해없이 순조롭게 잘 진행된다는 의미입니다.
열 번 찍어 안 넘어가는 나무 없다	아무리 의지가 강한 사람이라도 여러 번 권하면 결국은 마음이 변한다는 의미입니다.
원님(사또)덕에 나팔 분다	다른 사람 덕분에 자신까지 좋은 대접을 받는다는 의미입니다.
원숭이도 나무에서 떨어진다	아무리 익숙하고 잘하는 일도 가끔 실수할 때가 있다는 의미입니다.
윗물이 맑아야 아랫물이 맑다	윗사람이 잘하면 그것을 보고 자연스럽게 아랫사람도 똑같이 잘하게 된다는 의미입니다.
의사가 제 병 못 고친다 (중이 제 머리를 못 깎는다)	자기가 제일 잘 아는 분야의 일을 잘 해결하는 것은 어려운 일이어서 다른 사람의 도움을 받아야 함을 나타내는 말입니다.
입에 쓴 약이 몸에 (병에는) 좋다	자기에 대한 충고나 비판이 듣기 싫지만 그것을 잘 받아들이면 오히려 자기에게 도움이 된다는 의미입니다.
입이 열 개라도 할 말이 없다	잘못이 확실해서 변명을 할 수도 없는 상황을 나타냅니다.
지성이면 감천	마음을 다해 최선을 다하면 아무리 어려운 일도 이룰 수 있다는 뜻입니다.
천리 길도 한 걸음부터	어떤 일이든지 시작이 중요하다는 의미입니다.
친구 따라 강남 간다	자기는 관심이 없었는데 다른 사람이 하는 것을 보고 자기도 하게 된다는 의미입니다.
티끌 모아 태산	아무리 작은 것도 꾸준히 오랫동안 모이면 큰 것이 될 수 있다는 의미입니다.
하나를 보면 열을 안다	일부만 봐도 전체를 판단할 수 있다는 의미입니다.
하늘은 스스로 돕는 자를 돕는다	어떤 일을 이루기 위해서는 자신의 노력이 중요함을 의미합니다.

사자성어

사자성어	의미
감언이설((甘言利說)	듣기에 좋은 말과 조건으로 상대방을 속이는 것을 뜻합니다.
갑론을박(甲論乙駁)	여러 사람이 서로의 주장에 반대하면서 자신의 주장을 이야기하는 것을 의미합니다.
결자해지(結者解之)	자기가 만든 문제는 자기가 직접 해결해야 한다는 뜻입니다.
구사일생(九死一生)	죽을 뻔한 위기를 여러 번 넘기고 겨우 살아났다는 뜻입니다.
기고만장(氣高萬丈)	하는 일이 계획한 대로 잘 되어 잘난 척을 하며 자신이 최고라고 생각하는 태도를 뜻합니다.
동고동락(同苦同樂)	어려운 일과 기쁜 일을 모두 함께 한다는 뜻입니다.
동문서답(東問西答)	질문하고 전혀 상관이 없는 대답을 의미합니다.
동병상련(同病相憐)	어려운 상황에 있는 사람들은 서로의 마음을 이해하고 안타깝게 생각한다는 뜻입니다.
동분서주(東奔西走)	어떤 일을 하느라 이쪽저쪽으로 바쁘게 돌아다닌다는 뜻입니다.
동상이몽(同床異夢)	겉으로는 다른 사람과 같이 행동을 하면서 속으로는 다른 생각을 하고 있는 의미입니다.
두문불출(杜門不出)	집에서만 지내면서 사회생활을 전혀 하지 않는다는 의미입니다.
새옹지마(塞翁之馬)	인생에서 좋은 일과 나쁜 일은 언제 어디에서 일어날지 예상할 수 없다는 의미입니다.
어불성설(語不成說)	말의 앞뒤가 맞지 않아 전혀 논리적이지 않다는 의미입니다.

사자성어	의미
유유자적(悠悠自適)	복잡한 상황을 벗어나서 걱정 없이 자유롭고 편안하게 사는 것을 의미합니다.
일거양득(一擧兩得)	한 가지 일을 해서 동시에 두 가지의 이익을 얻는다는 의미입니다.
일희일비(一喜一悲)	기쁨과 슬픔이 동시에 느껴지는 것을 의미합니다.
전전긍긍(戰戰兢兢)	안 좋은 일이 생길까 봐 걱정하고 떨면서 조심한다는 의미입니다.
중언부언(重言復言)	이미 한 이야기를 계속 다시 하는 것을 의미합니다.
차일피일(此日彼日)	해야 할 일을 자꾸만 뒤로 미루는 모양을 말합니다.
풍전등화(風前燈火)	큰 위기가 오기 바로 직전의 아주 위급한 상황을 의미합니다.

정답

정답

Story 1   할미꽃

[세 걸음 정답]
1.
1) – ㉯
2) – ㉱
3) – ㉮
4) – ㉰

2.
1) ④   2) ×, ×, ○, ×

[네 걸음 정답]
1-5-7-4-2-6-3

Story 2   의좋은 형제

[세 걸음 정답]
1.
1) 여전히
2) 따로
3) 옮기는
4) 마치고 (나서)
5) 분명히

2.
1) ④   2) ×, ×, ○, ○

Story 3   요술 항아리

[세 걸음 정답]
1.
1) 욕심을
2) 낡아서
3) 벗어나서
4) 가득
5) 충분해요
6) 안달복달

2.
1) ②   2) ○, ×, ○, ○

[네 걸음 정답]
1-3-5-6-2-4-7-8

Story 4   세상에서 가장 긴 이름

[세 걸음 정답]
1.
1) 귀한
2) 방긋방긋
3) 겨우
4) 깨달았다 / 깨닫게 되었다
5) 버렸다

2.
1) ③   2) ○, ×, ○

Story 5   은혜 갚은 까치

[세 걸음 정답]
1.
1) 기가 막혀서
2) 신세를 지려고 해.
3) 목숨을 구했대.

2.
1) ②

Story 6   개와 고양이

[세 걸음 정답]
1.
1) 불쌍해서
2) 샘이 나서
3) 헤엄쳐서
4) 으르렁거려서
5) 밤낮으로

2.
1) ④   2) ○, ×, ×, ×

[네 걸음 정답]

1) 물고기를
2) 파란 구슬을
3) 파란 구슬을
5) 입 / 등
6) 개 / 고양이
7) 고양이 / 고양이 / 개 / 집 밖

Story 7   돼지의 코

[세 걸음 정답]
1.
1) – ㉯
2) – ㉮
3) – ㉣
4) – ㉤
5) – ㉰

2.
1) ○, ×, ×, ○   2) ②

[네 걸음 정답]
1-6-4-2-5-3-7

Story 8   견우와 직녀

[세 걸음 정답]
1.
1) – ㉣
2) – ㉯
3) – ㉮
4) – ㉰

2.
1) ○, ×, ×   2) ③

정답

Story 9   아사달과 아사녀

[세 걸음 정답]
1.
1) – ㉣
2) – ㉠
3) – ㉡
4) – ㉢

2.
1) ④   2) ○, ×, ×

[네 걸음 정답]
1-7-4-3-5-6-2

Story 10   백일홍

[세 걸음 정답]
1.
1) 달래는
2) 꾸미는
3) 말렸는데도
4) 바쳤다

2.
1) ③

Story 11   장화홍련전

[세 걸음 정답]
1.
1) 시치미를 뗐다.
2) 발랐더니
3) 직전에
4) 대를 이을
5) 애를 먹었다.

2.
1) ③   2) ○, ×, ×, ×

[네 걸음 정답]
1-4-2-5-3-6-7-8

Story 12   우정의 길

[세 걸음 정답]
1.
1) ㉡   2) ㉤   3) ㉣   4) ㉢   5) ㉠

2. ④

[네 걸음 정답]
2) 죽마 / 고우 / 고우 / 죽마
3) 식량을 보내주겠다고
5) 방앗간
6) 방앗간
7) 편지를
9) 죽마가 고우의 가족들을 보살펴 주었다는